アフター・リベラル
怒りと憎悪の政治

吉田 徹

講談社現代新書
2588

まえがき――「暗い時代」の深淵を覗く

二〇二〇年に各国を襲った新型コロナウイルスは、私たちの日常生活を一変させた。法で禁止されているかどうかに関係なく、多くの国の人びとはウイルスに感染することを、あるいは感染させることを恐れ自宅に引きこもり、街頭から人影が消え去った。いつコロナ・パニックが終息するかの見通しは、まだ立たない。ワクチン開発が待たれるが、抗体があっても数ヵ月で陰性になるという研究もある。だとすれば、私たちは、コロナウイルスの脅威から解放されないままだろう。

これまでの日常を喪失したポスト・コロナ時代の政治や社会はどう変化するのか。「例外とは、推定不可能なものである」というのはドイツ・ワイマール時代に活躍し、ナチスに接近した法学者シュミットの言葉だ（『政治神学』一九二二年）。そして、そのような状況においてこそ「拍手喝采」による独裁が現れるとした（『独裁』一九二一年）。日常が失われた時に秩序を作り出すことが求められるからだ。

この例外状態に決定を下す「主権」という権力は、そもそも人びとの健康や安全を守ると約束することで歴史上、発展してきた。哲学者ミシェル・フーコーが丹念に証明したように、近代国家は医学や公衆衛生を統治能力と統合させることで、その存在を確固としたものにしてきたのだ。

そう考えれば、おそらくポスト・コロナの時代は、政治や社会が一変するのではなく、コロナ・パニックをきっかけにこれまでの危機が強化されることになるのだろう。本書では、権威主義的な政治の台頭とリベラルな政治の後退、歴史認識問題の拡大、世俗化に伴うテロやヘイトクライムの頻発、個人が扇動する社会運動といった現象を扱うが、パンデミックによって、これらはますます強度と頻度を増していくことになる。

歴史家で軍人であった古代アテネのトゥキュディデスが記したように、アテネに敵意を抱いたスパルタとのペロポネソス戦争では、市民の多くがペストとみられる疫病で死んだ。民主主義発祥の地として知られたアテネは、その後、三〇人僭主による恐怖政治を経験し、徐々に衰亡の道を辿っていった。知られるように、第一次世界大戦で広まったスペイン風邪は、戦死者以上の犠牲者を生んだ。そして、世界はコミュニズムとファシズムの台頭を目撃することになったのだ。ウイルスは危機の時代に広まる。パンデミックは危機を生む原因であるとともに、その結果でもあるのだ。

なぜならパンデミックは、社会の抱える弱点を白日のもとに晒すからだ。コロナ・パニックで明らかになったのは、グローバル化と、本書で「ウーバー化」と呼ぶ個人主義から信頼を失ったがゆえに市民を有効に守れない国家の統治能力の脆弱性だった。

中国のみならず、韓国や台湾が有効な対策を採ることができたのは、感染者の接触確認や隔離を実効的なものとする、IT／AIによる感知（センシング）と追跡（トラッキング）を駆使したスマートフォンアプリやGPSを利用したからだ。これは、権威主義体制と民主主義体制がともに「デジタル・リヴァイアサン」として地続きの体制となったことを示している。そのなかで民主主義の雄だったアメリカの死者数は歯止めがかからない。

あるいは、「エッセンシャル・ワーカー」と呼ばれるようになった、低賃金で働くサービス業につく労働者こそ大きなリスクを抱えていることも知られるようになった。二〇二〇年六月、ミネアポリスで拘束された黒人男性の死をきっかけに史上最大のデモがおこなわれたが、この「ブラック・ライブズ・マター（黒人の命も重要だ）」運動はそれ以前から大きな社会ムーヴメントとして存在していた。命の選別はパンデミック以前からあったのだ。コロナ・パニックによって、「エッセンシャル・ワーク」を余儀なくされながらも、構造的に歴史的・社会的な差別のもとに置かれてきた人びとの怒りはさらに大きいものになった。

経済にしても、世界の経済成長率は、戦後最大のマイナス幅を記録することになった。

これも、各国とも自由貿易とグローバル・サプライチェーンによってサービス産業と消費社会を下支えしようとしてきたことの負の結果だ。

トランプ大統領をはじめとする各国のポピュリズム政治や途上国での政治変動は、二〇〇八年のリーマンショックに際して各国が財政支出によって対処した後、その後緊縮策に転換したことが要因のひとつにある。医療や教育サービスの低下は、各国の中間層に大打撃を与えた。今回のコロナ対策で世界各国は一〇〇〇兆円もの財政支出を余儀なくされ、世界の債務総額はGDP比で三四〇パーセント以上になると試算されている。これは、ポスト・コロナ時代に入れば低成長に加えて、すさまじい緊縮策が取られることを示唆している。そうなれば、人種やジェンダーを基準にしたヘイトや差別が蔓延するような社会の軋轢《あつれき》と対立は、今以上に深まるだろう。

二〇世紀後半を振り返ると、時代のトレンドを作り、規範となってきたのは、政治的、経済的、社会的なリベラリズムだ。しかし、支配的地位を占めたリベラリズムはパンデミックで致命的な一撃を受けることになる。リベラリズムの世紀は正常軌道から外れて、大空位の時代を迎えることになるだろう。

だから、ポスト・コロナ時代で目前に現れるのは、もしかしたら「例外状態」がもはや例外ではなくなる状況かもしれない。しかしその原因は、この本で説くように、もともと時代が内包していたものなのだ。

危機（クライシス）とは、もともと分岐（クリティカル）から派生した言葉だ。危機的な状況にあってこそ、どのような道を選択したらよいのかを考えるべきときに来ている。

思想家ハンナ・アーレントが「暗い時代の人びと」と呼んだ、ナチス時代のドイツにも亡命先にも居場所を見つけられなかった者のひとり、劇作家ベルトルト・ブレヒトに「後の時代に生まれてくる人びとに」という詩がある。「僕の生きている時代は暗い。（略）我々が滅び去った洪水の後に現れてくる君が我々の弱さについて語るときには、同時に、君が逃れていた暗い時代についても思いおこすだろう。だが君たち、いつの日かついに人びとがみな手を差し伸べあう時に、思え、僕たちを」。

コロナ・パニックで顕在化した危機の原因はどこにあるのか、その危機においていかなる道を選ぶべきかを考えるためにも、まずは「暗い時代」の深淵を覗いてみる必要がある。

目次

序章　「政治」はもはや変わりつつある
——共同体・権力・争点

「現代の精神というものはとても混乱している。知識は余りにも伸びきってしまって世界も精神も足場を失っている。だから私たちは虚無に陥っているのだ」アルベール・カミュ『カルネ（一九四二—一九五一年）』

怒りと敵意という力学

私たちが慣れ親しんできた政治はもはや崩壊し、それに代わって新たな力学が動き始めている。

それはどのような力学なのか。英『エコノミスト』誌の言葉を借りれば、世界はいまグローバル化、移民、社会的な自由主義などに対する憎しみが向けられる「怒りの政治」によって突き動かされている（*The Economist*, July 2nd 2016）。

近代という時代は、人びとが啓蒙され、自由となり、理知的かつ合理的になり、民族やナショナリズム、宗教や人種といった共同体から解放されることを約束するはずのものだった。社会の多様性と個人化をもたらすグローバルな政治と社会は、それが果たされる限りで歓迎されるはずだったのだ。それが二一世紀に入り、むしろ怒りや敵意が政治の世界で繰り広げられるようになったのはなぜなのか。その結果、どのような新しい政治的な見取図が作られようとしているのか――そのメカニズムと原理、源流を明らかにするのがこの本の目的だ。

「政治」といっても、そこにはさまざまなものが含まれ、形式も一様ではない。しかし、質的にも、形式的にも、政治の内実＝コンテンツは大きく変化している。

政治の定義は多種多様だが、ここでは「国や地域など共同体の構成員に関わる特定の争点をめぐって、社会での合意を得るために争われる権力の行使および能動的な働きかけ」としておこう。

そして気づくのは、この「共同体」、「権力」、「争点」の範囲や機能、あり方が過去と大きく違っているということだ。

流動化する国民国家の境界線——共同体

まず、「共同体」の範囲をみてみよう。戦後と呼ばれた時代、あるいは遡って二〇世紀に入ってからと考えてみても、国民や地域、さらに階級や家族など、共同体と呼ばれるものを囲む境界線はほぼ安定していた。国家と国民はほぼ同一範囲に納まり、地域間の移動は抑制的で、家庭も異性間の婚姻に基づいて形成されていた。しかし、二〇世紀後半以降、モノとカネに始まる経済的なグローバル化は、ヒトの移動という社会的なグローバル化をもたらし、あわさって国民国家の境界線は流動的になっていった。人口動態の変化は、地域の存在をも揺るがし、国家内に新たに流入してくる者と、ここから出ていく者たちの数を増やしていった。従来からの地域や家族に拘束されない存在は、居住地や家庭のあり方を多様化させていく。民主主義が「民衆（デモス）」の「支配（クラシー）」を意味するのだとすれば、その民衆の変化に応じて、「支配」の形態も変わっていく。

衰退する企業、労働組合、家族――権力

「権力」の側面にも目を向けてみよう。有形・無形に影響を与えて人の行動や思考に変化を及ぼすものを権力と呼ぶが、この源泉は、これまで「カネ」とそれに付随する社会的地位にあった。先にみた共同体の変化は、そのままこの権力のあり方に直接的に影響を及ぼす。それまで個人に権力を行使する共同体として機能していた国家、企業や労働組合、家族という共同体のリソースは衰退していっており、結果として、より赤裸々な権力である物理的暴力行使や、より創造的な権力である宗教や新たな集合的単位への希求が、強度を増すようになっている。

価値をめぐる分配に――争点

「争点」にしても同じだ。政治での争点といえば、二〇世紀を通じて、政府のあり方（小さいか大きいか、能動的か消極的か）、あるいは再分配のあり方（資本家優遇か、労働者階級保護か）が大きな地位を占めていた。言い換えれば、既存の政治体制のなかでの政府の機能のあり方、あるいは階級政治こそが政治の同義だった。しかし、先進国の政治で現在争点となっ

ているのは、共同体を開いていくべきなのか、閉じるべきなのか、あるいは個人の自由をどこまで認めるべきか、そうでないのか、個人の安全を保障するため、より上位の権威を尊重すべきなのか、すべきではないのかという、より価値的なものの比重が増している。そのなかで、国や地域、家族や職場などの機能の変化（あるいは機能の維持）が求められているのである。

三位一体の崩壊

これまで「共同体」、「権力」、「争点」は三位一体のものとして一体性を保ち、運用されてきた。国民国家という共同体の範囲内で争点は完結し、それは既存の政党や議会による権力によってコントロールされてきた。しかし、この三位一体が崩壊しつつある。共同体は多元化し、争点は共同体の境界線を越え、その結果として権力はその特性を変化させていく。このことがさらに共同体の多元化をもたらす。企業や労組、家族といった共同体にしても同じことだ。働く人びとの意識や忠誠は組織よりも個人に集中することで、それまでの組織が前提としていた争点解決の範囲は拡散していく。このことによって新たな解決能力獲得のために権力が用いられたり、あるいは別の組織がその権力を収奪・補完したりすることで、これが新種の対立や摩擦の種となる。

急増する移民――「多分化」社会

以上の指摘を共同体について具体的にみてみよう。

一九五〇年代にイギリスに住む、いわゆる民族的マイノリティは、人口五〇〇〇万人の国で数万人程度に過ぎなかった。それが二一世紀に入って八〇〇万人以上に膨れ上がり、首都ロンドンでは二〇〇ヵ国語以上が喋られるような、超多文化社会となった。イタリアでは、二〇〇〇年代初頭の移民の数は約一〇〇万人だったのが、一〇年が経って四〇〇万人以上を数えるようになった。アメリカはもともと多民族社会だったが、それでも一九六五年時点でヒスパニック系の割合は一〇パーセント程度、これが二〇一五年に倍近くになり、アジア系に至ってはこの半世紀で一四パーセントと、一〇倍近くとなった。

一九七〇年代と二〇一〇年代を比べて、先進国社会での移民（外国生まれの市民）の割合は、倍から三倍近くになっている。単にマイノリティが増えているという話に留まらない。ヨーロッパでは古くからのイタリア系移民がアフリカ系移民と対立し、さらにこうしたマイノリティがユダヤ系を攻撃するという「多文化的」というより、「多分化的」な社会へと変質した。イギリスにあっても、大英帝国の名残りとして戦後流入してきたカリブやアジアからの移民と、二一世紀になって東欧諸国から入ってきた移民労働者とを一括りにすることはできない。

社会の超多様性は民族上のことだけではない。一九六八年にアメリカの一人親家庭は七パーセントに過ぎなかったのが今では二五パーセントと、四分の一を占める。ヨーロッパの離婚率は一九七〇年と比べて二〇〇〇年代にイギリス、ドイツ、フランスなどで倍以上となった。こうした事態の展開が、それまでの共同体のあり方に変容を迫っているのだ。

「強い指導者」を望む声

「権力」にも変化が見られる。民主主義の主導国として知られるアメリカを対象とした世論調査では、「軍事政権が望ましい」と回答した有権者は一九九五年に七パーセントに過ぎなかったのが、二〇一一年には一六パーセントと、二倍以上に増えている。同様に、政治で「強い指導者」が良いとする割合は、一九九四年の二四パーセントから二〇一四年に三四パーセントとなった。同じ傾向は他国でも見られ、「強い指導者」を望む意見は、それぞれドイツで五パーセント、オーストラリアで六パーセント、イギリスで五パーセント増となっている。日本は三パーセントの微増だが、隣国の中国とロシアはそれぞれ二八パーセント増、二三パーセント増（一九九四—二〇〇九年比）だ（世界価値観調査）。いずれの場合も、年代が若ければ若いほど、強い指導者を是とする傾向にある。これは、それまでの議会制民主主義や政党政治に代わる権力のあり方が求められていることを意味する。

これに対して、人びとにとって重要な権力の源泉だった宗教の地位は低下している。アメリカでは二〇〇七年と二〇一四年を比べて、神を信じない/ほとんど信じないとする割合は一二パーセントから一七パーセントに増え、隣国カナダでは教会に最低月一回赴く人びとの割合は一九九〇年に四割程度だったのが現在では二割にまで減っている(ピューリサーチセンター調べ)。第二次世界大戦直後には八割前後が信仰心を持っていると回答していた西欧諸国でも、イギリスやフランスでその数は半減している。教会や信仰からの解放は、新たな権力を呼び込むことになるだろう。

宗教権力に対する世俗権力の砦でもあった労働組合はどうか。ここでも一九七〇年代をピークに、組合員の割合は減りつづけている。先進国のなかでも組合率(全雇用者に占める組合員の割合)が高かったイギリスは、過去五〇パーセントほどだったのが現在では二割強、イタリアでは三〇パーセント、四割弱あったドイツでは二割以下になっている。もともと三割程度と組合率の低かったアメリカではすでに一割だ。これは、労働組合を重要な資源としていた、社会民主主義政党という権力の凋落をもたらし、異なる争点を唱え、異なる権力を行使する権力の台頭を許すことになるだろう。

テロ、移民、教育――有権者が重視する争点

争点はどうだろうか。トランプ大統領が当選した二〇一六年のアメリカ大統領選では、有権者が重視した争点として経済がトップ（八四パーセント）だったほか、外交（七五パーセント）、社会保障（七四パーセント）と並んでテロリズム（八〇パーセント）、移民（七〇パーセント）、教育（六六パーセント）、マイノリティの処遇（六三パーセント）、中絶（四五パーセント）などが重視されている（ピューリサーチセンター調べ）。同年、世界を揺るがしたイギリスのEU離脱選択でも、国民投票に際して離脱を支持した有権者が重視したのは離脱そのものの是非ではなく、欧州統合によってもたらされる多文化主義や社会的な自由主義、移民問題だった（アッシュクロフト卿調査）。単に経済的な問題であれば、離脱派が多数になることはなかっただろう。しかし、人びとが重視する争点はもはや経済ではなく、共同体の範囲や、その構成のあり方についてだった。

共同体の範囲と、ここから規定される権力、争点の変化は、政治そのものの変化を意味する。その象徴がポピュリズム政治だ。

分極化する政治

先進各国でのポピュリズム政治の台頭は馴染みの風景となったが、その内実はより複雑

だ。前提となるのは、政党政治の分極化だ。

イタリアをみてみよう。二〇一八年三月におこなわれた総選挙では、極右ポピュリスト政党の「同盟」と極左ポピュリスト政党の「五つ星運動」がともに伸張し、左右ポピュリストによる連立政権が生まれた。対する民主党やフォルツァ・イタリアといった既存の保革政党は敗退を喫した。二〇一九年五月には、ＥＵの諮問的機関である欧州議会の選挙がおこなわれたが、極右政党の統一会派ＥＮＬ（国家と自由のヨーロッパ）およびＥＬＤＤ（自由と直接民主主義のヨーロッパ）があわせて二七議席増を実現した。しかし他方で、二六議席増と同様に伸張したのは、各国の緑の党の統一会派であるGreensだった。これに対して一九七九年以来、あわせて過半数を失ったことのなかった中道左派Ｓ＆Ｄ（社会民主進歩同盟）と中道右派ＥＰＰ（ヨーロッパ人民党）が初めて過半数を下回った。

極右ポピュリスト政党と極左ポピュリスト政党や緑の党は、政策的にはそれぞれ対極的だが、ある点で共通している。それは、ともに旧来の共同体・権力・争点とは異なる組み合わせでもって、新しい政治をめざしていることだ。極右は、戦後実現した平等で均質的な社会という、過去にあった共同体への復帰を掲げる。それゆえ、かつてであれば社民政党に投票した労働者層の支持を受ける。反対に極左は、環境問題という、未来に向けて広がる争点を、国家ではなくグローバルな共同体によって実現しようと訴える。それゆえ、未来を担う若年層の支持を大きく集める。ともに、今ここにはないアイデンティティに向かって、日々の生活や利害に直接には関係しない政治を展開しようとしている点で共通しているのだ。しかも、世代や地域によって、どのような政治を展開すべきなのか、同じ国家でもまったく異なった志向を持つ人びとが共存するようになっている。アメリカ政治では、共和党、民主党支持者が互いを敵視する「トライバリゼーション（部族化）」が進んでおり、例えば異なる党派支持者を家族に迎えることを良しとしない有権者までもが増えている。

これは、二〇世紀を通じて共同体・権力・争点の三位一体によって作り上げられてきた政治のコンテンツが空中分解していることを示している。ヨーロッパでは、旧来の保革二大政党間の対立は退潮しつつある。ドイツの社民党、フランスの社会党、オランダの労働党といった長い与党経験を持つヨーロッパの代表的な社民主義政党は、二〇一〇年代後半の国政選挙でそれぞれ壊滅的な敗退を経験している。他方で、イギリスの保守党、フランスの保守ゴーリスト党、イタリアの「フォルツァ・イタリア」も、相前後して敗退の憂き目にあっている。これは個々の政党が抱える問題ではなく、政治が作り上げてきた三位一体がずれはじめていることを意味している。

ねじれたアイデンティティ

よりミクロな政治に目を向けてみよう。

二〇一六年六月、アメリカ・フロリダ州のオーランドでは、アフガニスタン出身の両親を持つ二九歳の容疑者がＬＧＢＴ（性的少数者）の集うナイトクラブで発砲し、四九人を殺害、五三人を負傷させるという、米国史上最悪の銃乱射事件が起きた。犯行時、本人はＩＳ（イスラム国）に忠誠を誓っていると警察に通告しているが、その後の検証ではネット上でＩＳについての情報を集めてはいたものの、ＩＳと直の接触があったとは確認されていない。犯行は、同性愛を禁じるイスラム教に感化された容疑者がホモフォビア（同性愛恐怖症）に転じたために起きたとされた。もっとも証言によれば、容疑者は数年前からホモセクシャルと付き合いがあり、ナイトクラブに出入りしていた彼自身を同性愛者だと思っていた知人もいたという。この推測が正しければ、容疑者は忠誠心あるムスリム（イスラム教徒）でありつつ、同性愛者かつテロリストであったことになる。ここで宗教的、性的、市民的なアイデンティティ（自分が自分であることを了解する意識）は奇妙なまでにねじれている。

社会と不整合が生じて、アイデンティティが攪乱《かくらん》され、身近な周辺の人間に暴力を向けるという現象は珍しくない。

テロといえば、遠く離れた指導者から指令が下って先進国で遂行されるようなイメージがあるかもしれない。しかし、もはやテロは外部のものではなく、社会の内部からやってくる。テロはヨーロッパでも続発した。南仏の有名リゾート地のニースでは、革命記念日を祝う七月一四日に、海岸沿いの花火大会に集まった観客に向かって一台の大型トラックが暴走し、八四名をひき殺したおぞましい事件が二〇一六年にあった。運転していた犯人はチュニジア生まれで三人の子を持つフランス人の男だった。彼は、妻への家庭内暴力から離別を命じられ、その後に男性、女性相手を問わず性的放蕩に耽り、アルコールや麻薬の摂取から警察にマークされていた。彼は敬虔なムスリムでも、ましてや聖戦（ジハード）を信じる狂信者でもなかった。

イギリスもまた、二〇〇五年のロンドン・テロの記憶が新しいように、テロの対象でありつづけた。二〇一七年には、車を使って歩行者を轢くテロがたてつづけに起きている。この年の五月、マンチェスターでは歌手アリアナ・グランデのコンサートで自爆テロが発生、二〇人以上が殺傷された。その翌月にはロンドン北部フィンズベリーのモスクをめがけてバンが突っ込み、イスラム教徒一人が死亡、一〇人以上が怪我をした事件が起きた。「イスラム教徒を殺してやる」と叫んでこのバンを運転していたのは、四七歳の英国人の男だった。シンガポールで生まれ育った彼は、政治について特段意見を持っていたわけでも、普段から人種差別的な言動をしていたわけでもなく、四人の子どもの面倒をみる良き父親だったと報道された。他方で、夫婦仲が悪化して別居状態から自殺未遂を起こすなど、精神的な疾患を抱えていたことが指摘されている。

フランスのテロリストも、イギリスのテロリストも、ともに根っからのイスラム原理主義者でも、レイシストだったわけでもないのだ。そこには三位一体が崩壊したことによるアイデンティティの空白が横たわっている。

テロと縁遠いかにみえる、日本をみてみよう。二〇一五年一一月、東京の靖国神社の敷地内にある公衆トイレで爆発音が鳴り、簡易式の発火装置が発見された。仕掛けたのは、直後に帰国した韓国籍の二〇代後半の男だった。一二月になって彼はふたたび日本に入国を試み、建造物侵入の疑いで逮捕された。もっとも、発火装置を仕掛けたこの人物は、決して「反日思想」に染まっていたわけではなく、本国で反日的行動が英雄視されることを知って注目を浴びるためにそうした行動に及んだと証言した。

こうした子どもじみてみえる犯罪行為は、集団的なものともなる。トランプ大統領が「双方に責任がある」と言って批判された二〇一七年のシャーロッツビル事件は、当地にある南北戦争時代の南軍リー将軍の銅像撤去に反対する白人至上主義者や右翼団体と、反差別団体が衝突して起きた。数百人が対峙したこの騒動では、白人至上主義を奉じる二一歳の青年が抗議者の列に車で突っ込み、二〇人の死傷者を出した。アメリカ司法省はこれをホームグロウン（自国生成）・テロとして認定している。

このような歴史認識問題をきっかけとした衝突や摩擦は当たり前のものとなってしまった。日本でも、在日韓国・朝鮮人や外国人に向けられるヘイト・スピーチ、再燃する歴史認識問題は、いずれも三位一体の瓦解と関連している。隣国との関係悪化が日本社会の在り方（そして韓国や中国の社会の在り方）に大きく影響しているのは確かだ。ただ、「戦後」が長く続き、国家の戦争責任という争点が歴史認識の問題へと軸足を移し、国と国の対立が世論と世論の対立となり、互いに憎しみと偏見をぶつけあっているのは、日本以外の多くの国でもみられる光景だ。

事例を長々と紹介したのは、これらはいずれも、共同体（国民、家族）の液状化、権力行使（政党政治、宗教）の様式が変わっていること、そして争点（移民、歴史認識問題）の比重の変化の交差点にある出来事だからだ。

哲学者アリストテレスは「自然は空白を嫌う」と書いた。戦後政治の背骨を形成していた同質的な社会、階級と再分配、労働組合や教会からなっていたコンテンツが崩壊する一方、生まれる空白を埋めているのは、ねじれた個人のアイデンティティであったり、それによる赤裸々な暴力行使、新たな共同体への希求や熱狂であったりする。

人間は「曲げられた木片」

まとめれば、今の政治や社会を駆動させているのは、もはや「右翼vs.左翼」「保守vs.左派」といった、一九世紀からの工業社会を牽引してきた古臭いイデオロギーや世界観の対立ではない。政治社会の対立軸はすでに細分化し、階級や階層は「クラスタ」と化し、そこに属する個人の嗜好や属性に応じて、それぞれが反発したり、くっついたりしながら、場と文脈に応じて共同体・権力・争点の特性を変化させていく。その担い手に唯一共通しているものがあるとすれば、それは「互いに違う」という差異でしかない。

「人間という曲げられた木片からは何ひとつまっすぐなものは生まれない」——自由を何よりも愛した政治哲学者アイザイア・バーリンは、この詩人コリングウッドの言葉を好んで口にしたという。その言葉を冠したエセー「曲げられた小枝」は、古代ギリシャのプラトンからフランス革命の啓蒙思想家、さらにマルクス＝レーニン主義に至るまで、合理主義者、自由主義者、社会主義者を問わず、人間の「搾取に対する社会的抵抗」が無視されてきたと説く。彼は科学主義や合理主義、専門主義は人間の原初的な感情を無視して、人びとが本来的に持っている「承認への欲求」を無視するゆえにいつも反撃にあうのだ、と警告した。

人間は本来的にまっすぐなものではない。状況と文脈や環境の変化に応じて、右に曲がったり、左に曲がったり、あるいはねじれたりするものなのだ。そうなのだとしたら、まずは木片が曲がっていることを非難したり、恐れたりするのではなく、なぜ曲がったのかの観察から始めなければならない。

リベラリズムというキーワード

共同体・権力・争点の三位一体からなる政治のコンテンツがグローバルな環境と個人的な文脈によって各国でどう崩壊し、それとともに、それぞれがどのような変化を見せているのかを特定するのが、この本の目的だ。

まず第一章では、この政治のコンテンツを実質的に作り上げてきた、戦後のいわゆる「リベラル・デモクラシー」の内実がどこから来て、どのように変化し、どのような課題を抱えることになったのかをみる。変化を測るためには、まず何が政治のデフォルトだったのかを確認しなければならないからだ。ここでは、グローバリズムと個人化によって、戦後の先進国の政治をとりまく環境と主体が変わってきていることを指摘する。戦後は、人類の歴史のなかでも珍しい「リベラル・デモクラシーの黄金期」に当たるが、これを創ってきた議会政治や政党、官僚機構が機能不全を抱えてから久しい。しかもこの黄金期を支えた半ば偶発的だった歴史的な前提条件も崩れている。その結果、多くの国で台頭しているのが「自国ファースト」にみられる「非リベラル」な民主主義である。英ＥＵ離脱や、アメリカのトランプ大統領誕生だけでなく、多くの国で見られる権威主義や指摘される「右傾化」も、この戦後民主主義を支えた歴史的条件が崩壊しつつあるからだ。

第二章では、こうした政治を支えてきた工業社会の「階級」や「階層」を基盤にした「保守vs.左派」からなる対立軸が時代遅れとなり、代わりに「権威主義vs.リベラル」という対立が生まれてきていることを、各国の事例を引いて証明する。その端緒となったのは一九九〇年代に保革政党をまたぐかたちで誕生した「リベラル・コンセンサス」であり、これがその後二〇〇〇年代に入ってからのポピュリズム政治や権威主義を招き寄せる原因となったことを説明する。共同体・権力・争点の三位一体が崩壊して、先進国で生じたのは政党という従来の権力の変化だった。ここで旧来の対立軸は風化し、新たな対立軸が生成した。これは現代社会において階級や階層がなくなったことを意味するのではなく、それを基盤とした政治のコンテンツそのものが変化していることの証である。

第一章と第二章は、政治のコンテンツを作り上げてきた環境とその変化、すなわち「共同体」と「権力」の質的・量的な移り変わりに焦点を当てている。続く第三章と第四章は、その結果生まれた「争点」をセレクトして、それがどのような特質を持っているのか、それに対する処方箋を含めて、提示する。

その第三章では、政治のコンテンツをますます支配しているかにみえる歴史認識問題の特徴を明らかにする。日本では、中国や北朝鮮（朝鮮民主主義人民共和国）との関係が外交ならびに内政での大きな課題となりつづけている。中国も戦後七〇年目となる二〇一五年に「中国人民抗日戦争ならびに世界反ファシズム戦争勝利七〇周年記念行事」を大々的に開催、日本もそれ以前の二〇一三年から政権自ら「主権回復の日」を定めて、日本人の国家主権への意識を高めようとしていた。ただ、歴史認識問題は東アジアに特有の争点ではない。歴史が有形無形に政治問題化して、内政と外交で問題になっているのは、全世界的な傾向だ。第二次世界大戦の終戦記念日は、ロシアや東欧諸国においては枢軸国に対する勝利をアピールする機会となり、政権の正当性を高めるためのプロパガンダ行事と化している。二〇一五年には、経済危機にあえいだギリシャ政府が財政支援をしぶるドイツに対して、ナチス占領期時代の話を持ち出して賠償を迫るという出来事があったが、このようにEU加盟国間ですら、歴史認識をめぐる対立がある。その背景には世代の更新で、歴史の意味するところが大きく変わった事実があることが指摘される。同時に、「記憶」や「歴史」は何のためにあるのかという根底的問いがなされるだろう。

続く第四章は、先進国を襲うテロ、とりわけISに代表されるイスラム原理主義のテロリズムとその反動が権力行使の新たな事例として取り上げられる。現在のイスラム過激主義の台頭をハンチントン流の「文明の衝突」史観でもって解釈するのは、誤った処方箋を出すことになりかねない。何が現在のテロを生んでいるのかを正しく認識することは喫緊の課題だ。この章では、社会がむしろ個人化しているからこそ宗教的原理主義が蔓延《はびこ》るようになるという、一見逆説的な現象がなぜ結びつくのかを説明する。原理主義が生まれるのは宗教が人間を操っているからではなく、人間が宗教を操るようになったからなのだ。

第五章では、以上でみてきた戦後政治、政党政治、歴史認識、宗教的原理主義の時代的転換の起源を探ることになる。歴史はさまざまな屈折点から成り立つと喝破したのは歴史学者マルク・ブロックだが、三位一体の変化における最も直近の屈折点は、一九六〇年代からの社会意識の変容に求めることができる。リベラルな価値と個人主義が確立するのはこの時期だが、これによって個人と集団や組織の関係の均衡が崩れ、三位一体は変容を被ることになった。この章では、まったく異なるものにみえるナチズムと新自由主義が、実際にはその同じ論理を備えたものであることも明らかにされる。この時代に生まれた過去の公共的意識の解体と刷新は、怒りや熱狂に置き換えられたのだ。

最終章では、それまで五つのテーマ——戦後政治、政党政治、宗教原理主義、歴史認識問題、その源流としての一九六〇年代の時代精神——にわたって展開されてきた主題が整理される。ここでキーワードとなるのは、リベラリズムだ。リベラリズムという言葉には多くの意味合いが込められるが、「共同体」「権力」「争点」の個別的な変容はリベラリズムの力によることが主張される。そのうえで、どのような展望がこれから開けるのかについて、いくつかの提案がなされることになる。

なお、これらのなかで、インターネットやＳＮＳといった論点について触れていないことは大きな欠落と思われるかもしれない（ただし第四章のように、その機能の仕方が特徴的な事例については言及している）。たしかに、これらの現象を見るとき、ネット空間の存在を無視することはできない。だが、ネットそのものが社会に無視できない影響を及ぼしていることは否定できないまでも、情報が人びとにどのように影響し、行動や認識を左右するかについて、インターネットとその他メディアにおいて本質的な違いはない。昔から、人は聞きたいものに耳を傾け、読みたいものを目にしてきた。ネットは、あくまでも媒介の手段であって、主体は人びとの意識や認識にある。

アイデンティティの空白

この本の主題や扱われるトピックは欧米から日本までを横断し、対象も政治家や政党、テロリストにまで及んでいる。ただここに含まれるのは、先進国が共通して経験している政治と社会の変化であり、そこから生まれる問題の構造的要因だ。特定の国に特定の文脈や条件があるのは当然だが、その共通項やトレンドに目を向ければ、より大きなものが見えてくるだろう。

最終章で詳しく触れるが、民主主義、政党政治、歴史認識問題、宗教、時代精神、リベラリズムといった多様なテーマをつらぬいているのは二つの視座だ。

ひとつは、人間のアイデンティティは、もともと安定的でも所与のものでもなく、不安定で、場当たり的なものであることだ。人びとは生まれや住んでいる地域、就いている職業、社会や家庭で果たしている役割など、所属や帰属、労働を通じて、自分が元来「何者」であるかを自己了解してきた。しかし、自己決定権が当たり前のものとして希求されてきた一九六〇年代から、人びとはランダムかつアドホック、あるいは自己選択によって自らの帰属先や所属を選ぶ自由を確立してきた。社会学でいうこの「再帰的近代」の時代においては、場合によっては国籍や習俗でも、自分の意思で選択できる世界が広がりつつある。

しかし、それゆえに、アイデンティティが空白になる余地が増えていく。近代の個人的な生を観察してきた社会学者バウマンの言葉を借りれば、アイデンティティという言葉が当たり前となったこと自体、人の帰属が脆くなってきていることの証左なのだ。人びとは、自らが何者であるのかというアイデンティティを絶えず探索し、追い求め、他者を通じて自分自身がこれを了解しなければならないことを恒常的に求められる存在となる。

ヘゲモニー闘争

二つ目は、こうした人びとのアイデンティティの探求と希求は、集団や組織、国レベルでみた場合、政治的な「ヘゲモニー（覇権）」闘争としての側面を持つという視座だ。「ヘゲモニー」という言葉はイタリア共産党の政治家で、思想家でもあったアントニオ・グラムシの名とともに広く知られる。彼が指摘したのは、国家や特定階級の権力行使は、暴力や制度のみを通じてもたらされるわけではなく、文化的・知的・道徳的に何が優れているかを示す知識や文化が媒介することで成り立つ、ということだった。教会や労働組合、学校、メディアといった共同体は、何がアイデンティティとして卓越しているかを示す権力装置であり、これが特定の争点を通じたヘゲモニーを可能にする。

もっとも、工業社会が衰退し、階級意識が薄れる現代にあって、いずれの社会階層や集団も、かつてのような安定したヘゲモニーを確立することはできなくなる。それゆえに、多種多様で断片的なヘゲモニーが、それぞれの「小さなヘゲモニー・ブロック」を形成することを目的に、液状化し流動化しているアイデンティティの空白地帯を埋めようとしているのである。

不安や恐れの正体

アイデンティティをめぐる小文字の政治と、ヘゲモニーをめぐる大文字の政治によって、三位一体は解体させられ、新たな三位一体を生み出そうとしている。それゆえ、その変化にあわせるかたちで、私たちの政治を語る言葉や概念を刷新していくことができなければ、世界はより不透明で理解不能なものになっていくことだろう。

「ポスト真実」、「オルタナ右翼」、「ネオ・ナショナリズム」、「新反動主義」、「非リベラリズム」など、近年、接頭語をつけて人びとの意識や政治運動が呼称されるようになった。このことはまた、政治のコンテンツが大きく変化しつつあるなかで、それをどのように名付けるべきか、暗中模索の状況にあることを示している。あるいは「ポピュリズム」、「ヘイトクライム」、「右傾化」といった現象が問題視されるが、ならば、それがなぜ、どのようにして生じているのかについての構造的な説明がなされなければならない。手元にある言葉や概念が現実と齟齬を来せば、不安や恐れは増していくことになる。だから、認識や理解こそが、恐怖や混乱を和らげるはずなのだ。「人生で恐れるものはない。それは理解されるだけのものだからだ」とは、マリー・キュリーの至言だ。だから理解する、少なくとも理解しようと努めることは必ず何かの役に立つ。本書がその手掛かりを示すことができればと思う。

第一章　リベラル・デモクラシーの退却
――戦後政治の変容

伝統的な共同体の変化

先進国の政治が大きく動揺する。二〇一六年にイギリスではEU離脱を問う国民投票がおこなわれ、有権者の五一・九パーセントが離脱を支持した。単一通貨ユーロ圏にないままでも、イギリスにとってEUは最大の貿易相手国であり、大陸との関係なくしてイギリス経済は立ち行かない。つまり、EU離脱は経済的にみればイギリスにとってプラスとならない。離脱によってイギリス経済は最大で三〜四パーセントのGDP押し下げを経験したと試算されている。にもかかわらず、離脱が決まった後のメイ政権、ジョンソン政権も、離脱へのかじ取りを変えることはなかった。

こうした事実もまた、共同体のあり方が大きく変わっていることとの表れだ。争点は経済ではなく共同体のあり方をめぐるものとなり、これによって権力の様式も大きく変化している。しかし、こうした趨勢を経験しているのはイギリスだけではない。

この章では、一九世紀以来の国民国家という、それまで人びとを包摂してきた伝統的な共同体の内実が変化した結果として扱われる争点が移り変わったために、戦後に完成した「リベラル・デモクラシー」という民主主義が後退の憂き目にあっている経緯をみていこう。

「ポスト真実」を生んだもの

残留か離脱かを問う国民投票に向かうなか、離脱派が展開したキャンペーンには、誇張が含まれていた。例えば、離脱の混乱を受けて二〇一九年に首相となった離脱派のボリス・ジョンソンは、イギリスがEUに支払っている週当たり三億五〇〇〇万ポンドの予算を社会保障に回すことができれば、福祉制度を拡充できると主張していた。この数字が過大に見積もられたものであったことは、離脱が確定した後、離脱派自らが認めたところだ。

また、九〇年代にEUに加盟した中東欧諸国の市民がイギリスの手厚い社会保障を求めて移住し、これら移民はイギリス人の雇用を奪うことになるという主張も展開された。しかし、移民が医療を求めて先進国に移住するいわゆる「福祉ツーリズム」はきわめて限定的な現象で、移住したからといってすぐに受給資格が得られるわけでもない。また移民が失業を生むといったよくある議論も、雇用のパイが限定的なものであるというまちがった前提によるものだ。

それにもかかわらず、イギリス国民は離脱を選択した。デマや誤った情報が飛び交い、人びとは扇動された挙句、まちがった選択をすることになった――「ポスト真実」というという言葉は一九八〇年代からアメリカなどで用いられていたものの、「ポスト真実の政治」という言葉が本格的に生まれたのは二〇一六年のことだ。

続いての大きな衝撃はアメリカでのトランプ大統領の誕生だった。当初、泡沫候補と見られていた彼は二〇一六年五月に共和党予備選での勝利を確定的なものとし、そのまま一一月に民主党候補のヒラリー・クリントンを破って第四五代アメリカ大統領に就任することになった。

トランプの攻撃的な言動は予備選の最中から目立っていた。彼はメキシコ系移民を強姦魔呼ばわりし、オバマ大統領がムスリムだと決めつけた。そしてクリントンが外国政府から賄賂を受け取っているとしたり、彼女のメールサーバーがハッキングされたなどと、嘘でもって対立候補を論難した。彼の言動の真偽を確かめたファクト・チェック団体は二〇一五年末の時点で、その八割近くが事実誤認かそれに近い発言だとまとめている。激しいキャンペーンのなか、トランプの発言は逐一チェックされ、カウンター報道された。もっとも、人は自分の信じていることを事実でもって反論されればされるほど、自分の信念を譲らなくなるという心理実験もある。だからこそ、トランプは嘘をつきつづけ、その嘘は問題ではないとする有権者たちによって選ばれたのである。

ゆえに、問われるべきは公の場で嘘やデマを流す政治家の責任ではない。こうした「ポスト真実」を生み出しているのが嘘やデマだとしても、その共鳴板となっている意識がどこから生まれているのかを探るべきだ。

劣化したアメリカの民主主義

イギリス『エコノミスト』誌の調査部門ＥＩＵは、二〇〇六年から「民主主義指数」ランキングを発表している。同指標は、公正な選挙がおこなわれているかどうか、有権者が自由に投票できるかどうか、公務員の独立性が確保されているかなどを基準に、その国の民主主義の度合いを図るものだ。これを基に、各国は「完全な民主主義」、「欠陥のある民主主義」、「民主主義と独裁政治の混合政治」、「独裁政治体制」の四つに分類されている（日本は「欠陥のある民主主義」に分類される）。

そして二〇一六年には、それまで「完全な民主主義」に分類されてきたアメリカが「欠陥のある民主主義」へと格下げされた。ドナルド・トランプが大統領に当選する以前のことだ。つまり、トランプ大統領の誕生はアメリカの民主主義が劣化したことの結果であって、原因ではない。

イギリスについても、すでに変調の兆しはあった。二〇一〇年の下院選挙では、いずれの政党も単独過半数に届かない戦後二度目の「ハング・パーラメント（宙ぶらりん国会）」を経験し、戦後初の連立政権を経験している。以前の連立政権は戦中の挙国一致内閣のことだから、長い憲政史でも異例のことだ。こうした支持基盤の弱体化もあって、キャメロン政権は失地回復のための一発逆転を狙って、EU離脱か残留かを問う国民投票に訴えたのだった。

民主主義の内実的な変化は、戦後体制を積極的にリードしてきたアメリカとイギリスというアングロサクソン国に留まらない。

ヨーロッパの大陸諸国でも、反グローバリズムと反イスラム原理主義を掲げる各国の極右政党の得票率は平均一五パーセント近くとなり、オーストリア、イタリア、スイスなど西欧一一ヵ国で与党入りするまでになった。フランスでも、二〇〇二年の大統領選で極右政党FN(国民戦線、二〇一八年に国民連合へと改称)のルペンが決選投票に進んで世界を驚かせたが、二〇一七年の選挙では彼の三女のマリーヌ・ルペンが父親のほぼ倍近くの得票でもって、決選投票に進んでいる。

さらに、反グローバル化や反緊縮を唱える極左ポピュリスト政党も、イタリアやスペイン、ギリシャなどで勢いを増している。イタリアは二〇一八年の選挙で、極左と極右政党による連立政権発足という事態まで迎えた。ドイツを含め、多くの国で保革政党についで極右、極左を問わないラディカルな政治勢力が第三極の位置を占めるようになった。

広がる「非リベラル国家」

すでに長い民主主義の歴史を持つ国々ですら多くの変調を経験しているのであれば、民主主義を標榜してからまだ月日の浅い国々にあって、その震度はさらに大きい。こうした国々を襲っているのは、政治制度は民主的であっても、個人の基本的人権や報道の自由、司法の独立といった、戦後に制度的に完成したリベラルな制度を破壊するような非リベラル化の波だ。

この「非リベラル」な民主主義国の代表例がハンガリーだ。

ハンガリーは一九八九年に社会主義体制から脱して民主化を経験し、中東欧諸国のなかではチェコやラトビアなどとともに二〇〇四年にEU加盟を果たすなど、新興民主主義国のなかでも優等生とみなされてきた。ハンガリーは民主主義と市場主義が広がるポスト冷戦期の民主主義の輝ける希望の星だったのだ。

しかし二〇一〇年にフィデス（ハンガリー市民同盟）のオルバーン・ヴィクトルが二度目となる首相職に選出されて以降、同国は権威主義的な傾向を強めるようになる。オルバーン政権は憲法裁判所の違憲審査権を制約すると同時に、政権の息がかかった国家メディア・報道通信庁を新設し、報道内容によっては罰金を科したり、情報源を開示することを義務づけたりするなど、政治的な旗色を鮮明にする報道を規制する法案を通した。

こうした措置はEUをはじめ国際社会から強い非難を浴びたため、法案は部分的に修正されたが、二〇一一年に今度は「ハンガリー基本法」という新たな憲法が議会で制定された。新憲法には、同国がキリスト教文明に属するものであること、男女の婚姻と胎児の保護、他国のハンガリー系市民に投票権を付与すること、個人よりも共同体が優先することなど、きわめて権威主義的かつナショナリスティックな内容が盛り込まれた。また、憲法裁判所の権限を縮減するなど、司法の独立や報道の自由、それらを保障する法の支配を政治の力で脅かす内容が含まれ、いわば民主化の道を歩んできた同国の「逆コース」への道筋をつけた。

二〇一五年の中東やアフリカなどからのヨーロッパへの難民流入危機に際しても、オルバーン政権はセルビアとの国境沿いに電気鉄条網を設けて流入を阻止しようとし、治安当局が難民を物理的に排除することを認める法案を可決した。翌年にはEUで合意された難民受け入れの割り当てを拒否する国民投票を実施している（有効投票率に届かず不成立となったものの反対票が九八パーセント）。さらに近年では、海外からの資金に頼るNGOや教育機関の活動を規制する法律を成立させ、伝説的な投資家でハンガリー出身のジョージ・ソロスが支援する大学が移転を余儀なくされた。ソロスは、冷戦後に中東欧の「開かれた社会」

（この言葉はファシズムと戦った哲学者カール・ポパーの主著『開かれた社会とその敵』に由来する）を支援するための財団を運営してきたが、同氏がユダヤ系ということもあって、オルバーン政権の格好の標的となっていた。与党フィデスは二〇一八年の選挙で再度の勝利を収め、長期政権となることが約束された。

冷戦崩壊直前の一九八九年九月、ハンガリーは西側への越境を求める市民を前にオーストリアとの国境を開放し、そこに東ドイツ市民数百人が合流、ベルリンの壁崩壊のきっかけを作った「汎ヨーロッパピクニック」の立役者であった。そのハンガリーが今度は、自ら壁を築きあげるようになったのだ。

オルバーン首相は、個人の自由を認めるリベラリズムを正面から攻撃する。彼は二〇一四年に民主主義は必ずしもリベラルである必要はなく、自由な民主主義では国益を守ることができないと公言し、ハンガリーはこれとは異なるナショナルなものを基礎とする「非リベラルな国家」となることをめざすと主張した。そして、シンガポールやインドや中国、ロシアといった「非民主主義国」にこそ見習う必要があるとした。安定した多数派を手にしたオルバーン政権は、コロナ禍に乗じて、非常事態宣言を無制限に延期できる法律を制定し、非常事態終了後も、同様の法律を通している。

民主主義国のなかの非リベラルな広がりは、やはり民主化の優等生とされたポーランドにも及ぶようになった。

二〇一五年に右派政党のＰｉＳ（法と正義）が上下両院で過半数を握ってから、憲法裁判所のチェック機能を緩和する法案が可決され、さらに二〇一七年には人事権を掌握して司法の独立を制限する法案を可決させている。また公共放送の人事を政治が握ることでメディア報道の自由を制約しようとしたり、最終的には議会で否決されたものの、人口増のため妊娠中絶を禁止しようとしたりする同国の非リベラルな姿勢は、やはりハンガリーと共通している。

こうした権威主義的な方針は両国の市民やＥＵ機関から強い懸念が示され、ＥＵ加盟条件違反ではないかとの審査のうえ、制裁も検討されている。

厄介なのは、イギリスのＥＵ離脱と同じように、その領域に住む人びとは自分たちの領土や共同体の行き先について決定する権利があるという意味において、それがいかに非リベラルな決定を下そうとも、それについて一義的に疑義を挟みにくいという点にある。リベラリズムの原則は、人権保障の観点から人民の意思決定に介入しようとし、それまでの共同体に所属していなかった移民や外国人に対しても配慮せよと命令する。これに対して非リベラルな民主主義は苛立ち、「誰が国民に相応《ふさわ》しいのか」や「生粋の国民とは」という、新たな争点を呼び込むようになっているのだ。

ロシア、トルコという競争的権威主義国

アメリカ、イギリス、西欧から中東欧諸国の先には、今度はロシアやトルコといった権威主義体制の国々が控えている。ロシアでは、二〇〇〇年から断続的に大統領を務めるプーチンが「強いロシア」を唱え、南オセチア紛争やクリミア併合に象徴されるように、近隣諸国への介入を強化している。二〇二〇年の改憲では、同大統領の五選が可能となった。そのプーチンも二〇一九年六月、英紙インタビューでヨーロッパの難民危機に触れて「移民・難民は殺人などの罪を犯しても、移民・難民としての権利が守られるため、責任を免れる。これは一体どのような権利なのか。いかなる犯罪も罰せられなくてはならない」と述べて「リベラルな概念は時代遅れのもの」「リベラルな価値観は消滅しつつある」といってのけた。

プーチン下のロシアでは、野党幹部やジャーナリストの暗殺が続いており、ロシア正教といった宗教の重視やゲイ差別の姿勢などは、やはりハンガリーやポーランドの政権と共通するものがある。

同様に権威主義的な傾向を強める国がトルコだ。二〇一八年の金融危機でリラ安に見舞われるまで同国は年五パーセント以上の成長率をほぼ毎年達成するなど、好景気に沸いて

いたが、政治ではエルドアン大統領のもとで権威主義的政治が強化されている。

近代トルコは、軍部と司法がイスラム教やオスマン（帝国）主義に対する世俗の砦の役割を果たしたことで地域の大国へと復活した。しかし、一九九〇年代にイスタンブールの市長だったエルドアンは、イスラム礼賛と宗教的対立を煽る演説をしたとして服役した後、保守的な公正発展党（ＡＫＰ）を結党、やり直し選挙の後に首相に就任した。当初はＥＵ加盟を目標に改革志向をみせていたが、二〇一四年に自らが大統領になって以降、テロと軍部によるクーデタ未遂があったこともあり強権的な姿勢をとり始め、二〇一七年には完全な大統領制への移行を認める憲法改正案を国民投票で可決させた。第三章で紹介するアルメニア人虐殺をめぐる同国の歴史認識問題が、ヨーロッパ諸国との間で再燃するのも、この二〇〇〇年代後半からのことだ。宗教を核としたアイデンティティは、権威主義的リーダーという新たな権力を呼び込み、歴史認識問題という争点を過熱させた。

エルドアン大統領は、機密情報をリークして国内治安を乱していることを理由にマスコミへの圧力を高め、ジャーナリストらを投獄、報道の自由を阻害していると批判されている。クーデタ直後にはジャーナリスト二〇〇名以上が逮捕され、報道機関一二〇社以上が閉鎖を余儀なくされた。さらにこうした政府に対する批判を封じ込めるため、ツイッターやYouTube、ウィキペディアへのアクセスを遮断したことは、市民社会の自由を抑圧する象徴とされた（クーデタの際、一時行方不明だった大統領自身がフェイスタイムを使って生存情報を流したことは皮肉な出来事だった）。報道機関に加えて、有力な野党政治家もテロや汚職に関連したとして拘束されたため、表立った批判を展開することができない。その他にもマイノリティのクルド人を抑え込むためのＩＳ（イスラム国）への資金提供やイスラエルとの対決姿勢など、国際社会でも軋轢をおこしている。ＥＵ加盟に備えて二〇〇四年に廃止した死刑制度の復活までもが模索されるようになっている。

一九三〇年代のファシズム台頭に対して自由と民主主義の価値の擁護を目的に作られたＮＧＯフリーダム・ハウス（一九四一年設立）は、毎年、世界各国の自由度を数値化しているが、政治的権利、市民権、報道の自由、インターネット上の自由など、いずれの指標でも最も後退した国のひとつとして、トルコを挙げている。

ロシアとトルコのいずれにも共通しているのは、内外の危機（アラブの春、シリア戦争、クーデタ、テロ、暗殺など）を奇貨として、指導者の権限を強め、その邪魔となる法の支配や報道の自由、野党を物理的に排除していることにある。

「ワシントン・コンセンサス」から「北京コンセンサス」へ？

リベラルで民主的な制度を掲げ、定期的な選挙を経ながらも、その後に権威主義を経験した国々、すなわち民主主義と権威主義の間のグレーゾーンにあるこれらの国々は「競争的権威主義」（政治学者レヴィツキー／ウェイ）と呼称されている。

こうした国では、選挙は実施されるものの、他方では有力な野党政治家の投獄や政治資金規制などによって対抗勢力の力が弱められ、形式的な選挙での与党の勝利が約束される。また経済活動の自由は認めるものの、他方でそれによって生まれる利益を指導者個人のネットワーク内に配分することで、支持構造を温存しようとする。つまり、形式的には自由な民主主義であるにもかかわらず、実態は独裁的に物事が決められているのが競争的権威主義体制の特徴だ。さらに政治的自由や透明性は抑制されつつも、行政の効率性や統治能力についてはむしろ改善が見られるということもさまざまな指標から明らかになっている。

先のオルバーンの発言にあったように、こうした競争的権威主義体制の国々は、相互に学習をしているとされる。これらでは政治的リベラリズムと経済的自由という両輪をいかにデカップリングするかに力点が置かれる。それが、自由こそが繁栄を約束するという戦後のリベラル・デモクラシーの約束が無効であることを証明する鍵となるからだ。

こうした国のいわば「手本」となるのは、いうまでもなく中国だ。

中国は、とりわけ一九八九年の天安門事件以降、経済的発展をめざしつつも、民主化を抑制することに腐心してきた。民主化の砦だった香港も、国家安全維持法によって制圧された。歴史的にみれば、経済発展が必ずしも民主化を促すとは限らないものの、経済的な豊かさによって、その国の政治体制は維持されやすくなることがわかっている。中国は二〇三〇年までに一人あたりの所得が一万ドルの中所得国になると予測されているが、個人の経済的豊かさが維持できれば、それはそのまま政治体制の正当性につながる。一九九〇年代に途上国の指針となった市場主導で経済発展をめざす「ワシントン・コンセンサス」は後景に退き、権威主義的な政府のもとで人びとを豊かにしようとする「北京コンセンサス」がモデルとして生まれようとしている。資本主義がリベラリズムを生んだというのが近代の歴史だとすれば、リベラリズムなき資本主義の実践を試みる国が新たな歴史となりつつある。

この非リベラルなモデルは逆流をして、古くからの民主主義国へと伝播していく。冷戦後の民主化ドミノの逆転現象だ。トランプ大統領はプーチン大統領を称賛して止まず、資金提供を受けているとされる西欧の極右政党指導者はこぞってロシアを訪問し、同国の立場を擁護している。国際情勢はそのまま国内の対立軸へと転化し、リベラルな政党がロシアや中国と距離を取る一方、ポピュリズム勢力はこうした権威主義体制の国々との協調を訴えるようになっている。

二〇二〇年前半から各国を襲った新型コロナウイルスは、中国という権威主義体制の防疫能力の高さを見せつけた。もっとも、韓国や台湾といった民主主義国でも防疫に成功したことから、これは政治体制によるものだけとはいえない。防疫が成功するための大きな要因となったのは、いずれもＡＩとＩＴを駆使した感染者の認知・監視であり、中国の「天網」のような監視カメラとインターネット網をつないだ高度な統治能力だった。こうしてＡＩ／ＩＴで実装した「デジタル・リヴァイアサン」は、運用制度の違いはあれども、市民の生命・健康を守るためのみならず、治安維持や暴動鎮圧のためにもどの国でも必須のものと認識されるようになるだろう。

はたして歴史は逆転しているのか。リベラル・デモクラシーはなぜ脆弱な立場に追いやられているのか、リベラルな価値はなぜ衰退しているのか。もっといって、なぜ競争的な権威主義体制こそが先進性と有意性を保っているかにみえるのか――それを知るためには、迂遠であってもリベラリズムの変遷を追いつつ、二〇世紀後半に成立したリベラル・デモクラシーがいかにして生まれたのかを、まずは知っておく必要がある。

「リベラル」と「デモクラシー」の異なる源流

二〇世紀後半、西洋においてはリベラル・デモクラシーこそが秩序原理だった。ここでいうリベラル・デモクラシーとは、代議制民主主義を基本に、個人の権利や権力分立を保障したうえで、民意を国政に反映させる仕組みのことだ。リベラリズムは個人を社会の基礎的な構成単位とし、デモクラシーは個人間の平等を積極的価値とする政治理念・制度のことであり、両者の要素をあわせたものが「リベラル・デモクラシー」となる。

もっとも、この二つの要素の並立は容易なことではなかった。なぜなら、リベラリズムとデモクラシーは、もともと異なる源流を持っているからだ。

一般的にリベラリズムは個人の自由を、デモクラシーは個人間の平等を尊重するゆえに相性が悪いとされる。ただ、こうした理解は一面的なものに過ぎない。それぞれの原理を薄めることによって戦後のリベラル・デモクラシーはその正当性を獲得できたからだ。

文部省が戦後、中高生向けに公刊した社会科の教科書『民主主義』には、以下のように書かれている。

> 民主主義は、国民を個人として尊重する。したがって民主主義は、社会の秩序および公共の福祉と両立する限り個人にできるだけ多くの自由を認める。(西田亮介編『民主主義〈一九四八 - 五三〉中学・高校社会科教科書エッセンス復刻版』)

この記述からは、少なくとも戦後日本では民主主義を個人の自由を尊重するリベラリズムと調和的なものであるとみなしていたことがわかる。簡単にいえば、日本で「民主主義」といった場合、それはリベラル・デモクラシーのことを意味するのであり、個人の自由はそこに織り込み済みのものとみなされていた。

しかし、政治思想史や政治理論の観点からは、こうした理解はさほど一般的ではない。むしろ、個人の内面の自由や権利を尊重するのがリベラリズムであり、他方で共同体や人民の一体性やこの間の平等を希求するのが民主主義だったからだ。

そもそも第二次世界大戦終結まで、「人民主義」という総称のもと、共産主義や社会主義、あるいはファシズムこそが民主主義の名に相応しいと、その正当性を訴えていたことを想起すべきだろう。「朝鮮民主主義人民共和国」のように、まだそう名乗っている国もある。人びとの間の平等を掲げる思想こそが、デモクラシー（人民支配）だったのだ。

これに対する西側のリベラル・デモクラシーの国々は、資本主義経済や自由市場を、人民独裁や一党支配を通じてではなく、法の支配や政治的な多元主義（マイノリティの権利擁護）といった制度によって実現していった。冷戦崩壊もあって、これが現在の民主主義でイメージされるものの基礎へとすり替わっていく。リベラリズムは、あらゆる「イズム（主義）」同様、多義的な言葉であることはまちがいないが、最終章でみるように、それは国家などを含む共同体よりも個人の権利を優先し、そのために権力を分散しておく制度設計をおこない、「多数者の専制」を絶えず警戒することを特質としてきた。

なお、アメリカでいう「リベラル」は個人の自由と中央政府による再分配とのセットとみなされるが、ヨーロッパでいう「リベラル」は個人の自由と自由放任主義をセットとする立場を指す。日本で九〇年代以降に広まった「リベラル」という言葉（レッテル）は、欧米で異なる意味合いを混在させているが、いずれも個人の自由を前提としているという点で共通しており、これこそがリベラリズムの本拠地となる。

ただしここで注意しなければならないのは、こうしたリベラリズム理解は、政治的な意味合いのものであって経済的な意味合いではないということだ。リベラリズムが人びとの権利主張を意味するようになったのは、二〇世紀前半にそれまで資本主義を生み出した経済的なリベラリズムがあまりにも不平等を生み出し、多くの人が自己破産を余儀なくされたからだった。二〇世紀を「破局の時代」と形容した有名な歴史家ホブズボームは「一九世紀末生まれの人をもっとも強く驚かせたのは、おそらく自由主義文明の価値と制度の崩壊であろう」と記しているが、これはそれまでのリベラリズムが主として経済領域に立脚していたことを示している。

だからハンガリーなどの競争的権威主義体制、そして中国のような権威主義体制の非リベラリズムを考える場合、次に問われるべきは、資本主義とリベラリズム、そしてデモクラシーとの関係ということになる。

資本主義と一体化したリベラリズム

リベラリズムの原則が生まれてきた歴史的背景に目を向けてみたとき、現在のようなポジティブなリベラリズム評価は当然のものではなかったことがわかる。だから非リベラルな勢いも必ずしも不自然なものではない。

最終章で再度触れるが、リベラリズムの出自は、抵抗と挑戦の論理にあった。近代リベラリズムが大きな影響力を持ったのは一九世紀になってからだが、それは絶対主義王政やカトリック教会といった、身分制と土地支配が結びついた旧体制（アンシャン・レジーム）の打倒に成功したからだ。フランス革命の人権宣言、イギリスのマグナカルタ、アメリカの独立宣言など、リベラリズムの源泉となった理念は、いずれも圧制からの人びとの解放をめざすものだった。

この個人の解放の論理が、経済活動によってむしろ抑圧と搾取の論理になると告発したのがマルクス主義であり、社会主義の立場だった。産業革命を経て、リベラリズムの主たる担い手は私的所有権と商業の自由を重んじるブルジョワジー、あるいは土地資本と結びついた地主層だったからだ。ここでリベラリズムは資本主義と一体化を果たす。それゆえ、一八五二年のフランスでルイ・ナポレオンによる第二帝政の誕生をみたマルクスは、当時のスローガン「所有、家族、宗教、秩序」によってブルジョワの「排他的な利害」が守られ、労働者や都市のプロレタリアートが政治的に抑圧されることを告発したのだった。

レーニンが一九一七年に公刊した『帝国主義論』も、金融資本主義のメカニズムを説く一方、それによって蓄積された資本を今度はブルジョワジーが社会政策や税を通じて新旧の中間層に分配し、資本主義に統合していくメカニズムを明らかにしようとしたものだった。同年には、ロシアでボルシェヴィキ革命が起き、翌一八年には第一次世界大戦後の混乱のなかで、ドイツ革命が各地で起こることになる。かくして二〇世紀初頭になってリベラリズムは、共産主義や社会主義からの自己防衛を使命とするようになる。

歴史家チャールズ・メイヤーは、一九世紀ヨーロッパはブルジョワ主導のリベラリズムが全面化した時代だったのが、経済面では一八七〇年代以降の不況もあって、それは徐々に集産主義やファシズムに代表される職能主義（コーポラティズム）に立場を譲っていくようになったとする。経済リベラリズムの行き過ぎは、コミュニズムやファシズムを呼び込む。ファシズム体制は、ドイツ、イタリアについでスペインやルーマニアなどでも成立し、一九二〇年代に三五ヵ国ほどあったリベラル・デモクラシーの国々は、一九四〇年代には一〇ヵ国程度にまで減少していった。

同時代のファシズム台頭を説得的に説明しているのは、日本でも有名な経営学者ドラッカーだ。彼は処女作『経済人の終わり』（一九三九年）で、一九二九年の大恐慌を受けて、ブルジョワ主導の資本主義が完全に破綻（資本主義が社会を豊かにするという約束の不履行）、さらに社会主義陣営もこれに代わる体制を生み出せなかった結果、経済や経済的な営みの基礎となっていた人びとの合理性そのものが信頼を失った、と診断した。少なくとも、経済リベラリズムとマルクス主義は、現状認識は異なれども、人びとの間の関係が強まれば差異は消し去られ、世界はより一体的なものになるとみなしていた点では共通していた。しかしそのいずれの楽観主義も雲散霧消したのだ、と考えた。当時の合理性や理性のヘゲモニーの崩壊は、現代の「ポスト真実」の時代へとつながる。

リベラリズムの担い手だったブルジョワ階級は、資本主義の発展を通じて新旧の中間層を統合できていた。しかし、一九三〇年代初頭のドイツ・ワイマール共和国のように、第一次世界大戦の賠償とも相まったハイパーインフレと大不況によって四人に一人が失業者となった時、経済リベラリズムはファシズムによって不信任を突きつけられることになった。「そのような社会では、自由と平等は実現されないことが明らかになった」（ドラッカー）のだ。

重要なのは、ドラッカーが、今後は資本主義が抑制的になること、すなわちブルジョワ支配に自制を求めることがファシズムを退けるために必要となる、としたことだ。このことは、必然的に資本主義を中核とした近代の経済リベラリズムにも反省を求めることを意味した。こうして、リベラリズムは資本主義の発展のなかで付与された経済的な意味合いを剝ぎ取られ、政治的な意味合いに純化されることになった。簡単に言えば、それまでのリベラリズムは経済的次元において破綻したため、戦後に政治リベラリズムとして再スタートを切ることになったのである。

したがって、戦後日本はとりわけ民主主義と同義としてのリベラリズムを歓迎したが、リベラリズムとデモクラシーとの相克をそれまでに経験していたヨーロッパでは、これをつなぎ合わせるところからスタートしなければならなかった。社会学者の山之内靖の表現を借りれば、戦後日本が啓蒙を歓迎する一方で、戦後ヨーロッパは合理性と理性からなる啓蒙に対する反省から出発することになったのだ。

リベラリズムと民主主義の共存

確認すべきは、体制としてのリベラル・デモクラシーが西欧で安定と確立をみたのは、第二次世界大戦後に過ぎないという歴史的事実だ。リベラル・デモクラシーという言葉そのものが使われはじめたのは一九三〇年代のことであり、それが広く政治的に認められるようになったのは一九四〇年から五〇年代にかけてのことだ。すべての人間に不可侵の権利を与えるリベラリズムの原理が「世界人権宣言」で世界的に認められる（ソ連・東欧諸国の一部は棄権）のは一九四八年だった。

ここで、それまで国境を超えた資本主義、すなわち経済リベラリズムから成り立っていたブルジョワ共同体とその権力、これに対抗するファシズムと社会主義という、体制をめぐる争点は西側諸国では終焉を迎え、国民国家という共同体、政党政治という権力、再分配という争点の三位一体が完成することになった。

政治史家ミュラーは、戦後に民主主義が回復されたという見方そのものがまちがっていることを指摘している。戦後のリベラル・デモクラシーは、二〇世紀前半までの野放図な経済的なリベラリズムと、場合によってはファシズムや社会主義に結びつく民主主義を否定することを一義的な使命としていたからだ。

リベラリズムと民主主義の共存は、リベラリズムの経済的側面の抑制と民主主義の革命志向を抑制することで成し遂げられた。具体的には、基幹産業の国有化や福祉国家の確立を通じて不平等を容認する資本主義をリベラリズムから切り離し、他方では法の支配や立憲主義を徹底することで、ファシズムや社会主義に代表されるデモクラシーを抑制しようとしたのである。それは二〇世紀まで資本主義によって経済を牽引してきたリベラリズムを政治的次元に囲い込み、人民主権を掲げて政治を牽引してきた社会主義を経済的次元に囲い込むという逆転の発想でもあった。

政治リベラリズムと同様、経済リベラリズムも、拡大と収縮をくりかえしてきた。一五世紀から一八世紀半ばまでは重商主義の時代が続き、その後一九世紀半ばから大英帝国が牽引するかたちで自由貿易が拡大していった。しかし一九世紀末の不況は、保護主義のきっかけを作り、二〇世紀前半にはブロック経済が完成した。その延長線上に、戦後の経済リベラリズムと政治リベラリズムの両立が成り立った。言い換えれば、リベラル・デモクラシーは双方のポジティブな面を合わせて組み合わせ可能になったのではなく、双方のネガティブな面——リベラリズムの資本主義との結びつき、デモクラシーの人民主義的側面——を抑制することで成り立った。そして、この取引が可能になったからこそ、不自然な組み合わせとしてのリベラル・デモクラシーが戦後にはじめて安定したのだ。

戦後コンセンサスの誕生

こうした戦後秩序のコンセプトを言い表すものとして「社民主義的含意」（社会学者ダー

レンドルフ）や「自由社会民主主義」（政治学者新川敏光）、あるいは「階級均衡デモクラシー」（政治学者網谷龍介）といった言葉が使われることがある。これらは戦前の野放図な資本主義の負の効果、市場の暴走を国家が公共部門や社会保障を通じて修正し、戦後復興による経済の果実が再分配されることを企図するものだった。次章でこの戦後のモデルが九〇年代に当の社民政党によって方向転換させられていく過程をみるが、少なくとも一九七〇年代ごろまでは、与党が保守中道政党であるか左派政党であるかという保革を問わずこの路線が踏襲されていくという「戦後コンセンサス」の時代だった。

当時の国家のあり方を示すさらなる概念は「ケインズ型福祉国家（KWS）」だ。ケインズ経済学が（限定的に）推奨する財政支出によって需要を喚起し、それによって得られる税収を財源に福祉制度を拡充し、そのことで体制を安定させていくというのが、多くのリベラル・デモクラシー国が選んだ道だった。こうした変容を目の当たりにした歴史家E・H・カーは、一九五一年の講演で「労働の奨励としての飢餓の恐怖と、懲罰の道具としての経済の鞭と、この両者に対して広範な反抗が起こったのは、ここようやく二〇年ばかりのことで、私たちはいま、正にこの成果の意義、そこから生まれる新しい問題の意義を知り始めている」と、やや興奮気味に述べている。

それはどのような意義だったのか――例えば、イギリス、アメリカ、フランスにおいて、一九世紀半ばから二〇世紀半ばまでにかけて、国の税収は国民所得の一割程度に過ぎなかった。これが経済リベラリズムに偏重した「夜警国家」の貧弱な姿だった。しかし一九三〇年代の大恐慌を経て税収は三割を超え、第二次世界大戦後にはいよいよ四〇パーセントを超えていくようになる。それが五〇パーセント前後で頭打ちになるのはようやく一九八〇年代前後になってのことだ。

このような「戦後コンセンサス」は、国際的な制度（国際レジーム）によって補完された。アメリカの政治経済学者ラギーは、国内の困窮や失業など、社会的犠牲を最小限にするかたちで資本主義と自由貿易を再編成した戦後体制を、「埋め込まれたリベラリズム」と呼んだ。これは、具体的にはブレトンウッズ体制（IMFとIBRDによる資金供給による経済安定）に象徴されるような、経済リベラリズムを国家主権によって制約することを認めるものだった。GATT（関税および貿易に関する一般協定）のセーフガード条項（緊急輸入制限措置）のように、自由貿易を原則としつつも、これが国内産業、引いては雇用にダメージを与えることが想定される場合、国家には緊急避難的な措置をとることが許された。急激な貿易自由化は、国内の産業保護の政治的要求を招き、保護主義のリスクを逆に高めてしまうからだ。その政治的なリスクを勘案しつつ、国家が自由貿易に対して一時的に拒否権を持つことが認められたのである。

「リベラル・デモクラシー」対ファシズム？

こうした理念的、制度的なリベラル・デモクラシーの完成は、アングロサクソンが物理的な戦争を勝ち抜いたことで、イデオロギー的な正当性を付与されていた。一九一七年に自国の第一次世界大戦への参戦を議会に求めたウィルソン米大統領は、その理由を「民主主義にとって安全な世界を作ること」としたが、戦争こそが民主主義の生みの親だったといっても過言ではない。

戦後から眺める時、第二次世界大戦は、リベラル・デモクラシーを掲げる連合国側（イギリス、アメリカなど）と、国家主義と民族主義を掲げる枢軸国側（ドイツ、イタリア、日本など）のイデオロギー上の戦いだったように見える。しかし実際には、これら枢軸国をまとめあげるイデオロギーは存在しなかった。枢軸国という呼称そのものも、連合国側が勝手に命名したものだ。たしかに、ドイツとイタリアはファシズム国としてひと括りにされるが、領土拡張やナショナリズムの強調を除けば、国内政治の編成原理も、基本理念も異なっていた。そもそもナチス・ドイツとイタリアのムッソリーニの協力関係は、散発的なものでしかなく、英米の指導者が持っていたような個人的な信頼関係も互いに持っていなかった。

すなわち、第二次世界大戦がリベラル・デモクラシー国とファシズム国との間のイデオロギー上の戦いだったという見取図は事後的に完成させられた側面が大きい。実際には、当時の世界秩序を主導していたイギリスとアメリカ、そして第一次世界大戦後にその秩序に挑んだ敗戦国（ドイツ）ないし戦争の分け前にじゅうぶんに与れなかった国々（イタリアや日本）との権益をめぐる戦いであった。理念的なイデオロギー戦争というよりも、経済リベラリズムに対する後発国の挑戦が第二次世界大戦の原因だった。

一九四二年一月に検討された連合国側の共同宣言の当初の文言に「ナチズム、ファシズム、ジャパニズム」という三種類の言葉があったことに注目して、文芸評論家の加藤典洋は、リベラル・デモクラシー対ファシズムという対置は、戦争が終わって事後的に設定されたものに過ぎないと主張している。リベラル・デモクラシーは、連合国側が戦争に勝った結果として正当性を得たに過ぎず、植民地をはじめとする連合国側の現状秩序維持と、戦後のソ連との冷戦を戦い抜くために、イデオロギーとして押しつけられた側面があるというわけだ。二〇世紀の国際秩序形成の試みは、第一次世界大戦後に設立された国際連盟から始まったといえるが、この国際連盟から脱退して既成の国際秩序に挑戦したのは、ドイツ、イタリア、そして日本だった。これらの国々は、国際連盟の理念に反対して脱退したのではなく、国際連盟を軸とした秩序が自らの国益を満たすこと（具体的には軍拡や領土拡張）を許さなかったため、国際連盟にとどまることができなかったのだ。

両立のための二つの条件

ここから、二〇世紀前半まで不可能と思われていたリベラリズムとデモクラシーが戦後に両立できたのは二つの条件が奇跡的に出揃ったからだといえる。

まず、第二次世界大戦に帰結した戦前の経済リベラリズムの原理を抑制的なものにすることを、国家による資本主義市場への介入を通じて実現したからだ。戦後の先進国政治が安定し、リベラル・デモクラシーの黄金期となったのは、放っておけば衝突を余儀なくされる資本主義と民主主義を、社民的な国家が媒介したからだった。政治経済学者シュトレークはこれを「資本主義と民主主義の強制結婚」と表現する。同様に、西欧各国の高度成長を分析したアトキンソンは、それは戦後の高度成長によって所得に占める賃金の割合が増えたからだけでなく、資本所得・賃金所得の分配の是正といった社会政策がこれに加わったことで、平等が実現したことをデータでもって証明している。

次に、冷戦構造がこうした戦後コンセンサスを背後から支えた。ファシズムの挑戦を退けた後、リベラル・デモクラシーが直面したのは、経済リベラリズムに別のかたちで挑戦する社会主義体制だった。国内の共産主義・社会主義勢力を封じ込めておくこと、そして労働者層の忠誠心を体制につなぎとめておくため、民主主義を前に経済リベラリズムは自己抑制的になる必要があった。それゆえ、各国は社民的な政策（集産主義、財政支出、組合の交渉権、労働権保障）を前提とした。そしてこれこそが政治リベラリズムの創出を可能にしたのだった。

この戦後コンセンサスは、リベラル・デモクラシーこそが正当性を持つという事後的なイデオロギーによっても強化された。それは、戦前・戦中のファシズムとの戦い、そして戦後はソ連をはじめとする共産圏との対決によって自己を正当化する必要があったからだ。第三章でみるように、それゆえ対ファシズムの記憶が薄れ、冷戦も終結すると、歴史認識問題が各国で噴出することになる。

政治リベラリズムと経済リベラリズムの結託

一九世紀からの資本主義各国の富の配分の変化を通時的に示して、日本のみならず、世界中で話題になったトマ・ピケティ著『二一世紀の資本』は、この二〇世紀後半の秩序がいかに例外的なものであったかということを裏側から証明している。『二一世紀の資本』は先進国で一九七〇年代から格差が拡大していったことを証明したものと受け止められているが、歴史的なスパンでもって経済リベラリズムの問題を扱った本でもある。

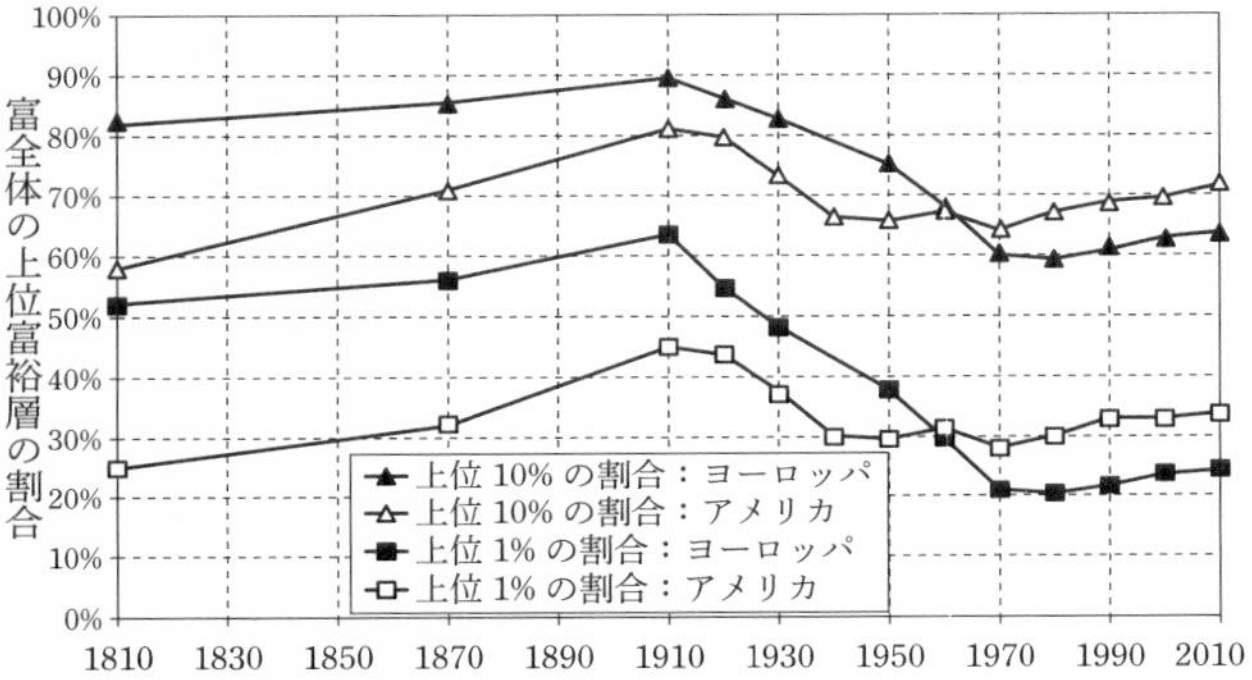

〔表1〕1810年から2010年までの欧米での不平等

出典：Thomas Piketty, *Capital in 21st Century*, 2014, p.349.

ピケティが膨大なデータで示したのは、二度の世界大戦を通じて人類史上、類例のない平等が先進国で実現されたという事実だ。「一九一九‐一九四五年のショック」という表現が用いられているが、二〇世紀前半から後半に向けて、先進国がなぜ、それまでにないほどの平等を実現していったのかといえば、二度の世界大戦で富裕層の富が消滅し、さらに両大戦を通じて所得に課税する税制が導入され、その後、一貫した労働者の賃金上昇が見られたからだ。『二一世紀の資本』の長期データをみれば、第一次世界大戦（一九一四年）を機に不平等は是正され、第二次世界大戦後（一九四五年）に所得格差が大幅に縮まっていることがわかる（表1）。

資本主義の長い歴史から見たとき、二〇世紀後半こそが例外的な時期であり、それが例外的だったからこそ、リベラル・デモクラシーは安定したことがわかる。しかも、それは必然というよりも、世界大戦や冷戦といった偶然によってもたらされたものに過ぎない。

ピケティが理論的に挑戦したのは、経済成長によって不平等が一旦は拡大するものの、その後、全体が底上げされて格差が解消されていくとした「クズネッツ曲線」の前提だった。一九七一年にノーベル経済学賞を受賞したクズネッツの理論が妥当性を持ったのは、戦後の高度成長期を対象にしていたためで、それゆえ七〇年代以降に高度成長が一服すると、逆に格差が拡大していくことをピケティは示した。

そこで抑制的にされていた経済リベラリズムは、先祖返りして一九世紀的な野放図な経済リベラリズムへと変容していくことになる。ここで政党をはじめとする安定していた権力体は、ふたたび経済リベラリズムへと傾斜していくが、それは進化を遂げた政治リベラリズムとともにあった。いわば、政経に分離させられたリベラリズムは、ふたたび一体化したことで、それまでに獲得した自己抑制を喪失したのだ。これこそが、いわゆるネオ・リベラリズムの真の正体でもある。しかし、それは特定権力の作用というよりも、共同体・権力・争点の三位一体が空中分解したことで生まれた転換だった。この転換を以下にみてみよう。

「大平準化」の時代

「不平等が広範に縮小した時代ということが――それが国有化を通じたものであれ、教育の拡張や農地改革、あるいは福祉国家を通じてのものであれ――二〇世紀半ばからの二五年間の世界にほぼ共通する特徴だった」とするのは、先進国の中間層の没落を証明した「エレファント・カーブ（象の曲線）」で有名になったブランコ・ミラノヴィッチだ。「象の曲線」とは、世界各国の所得の上昇率を並べた時、先進国の中間層の所得区分が大きく窪んで象を横から見たような姿のようになることから名付けられた。彼は、ピケティほど戦争の役割を重視しないが、戦後復興と高度成長、そして低インフレーションによって、極端に不平等と格差が縮小した時期を「大平準化」時代と名付けている。

この時代の推移をイギリスにみてみよう。

イギリスでは、一九五〇年代にテレビ、掃除機、洗濯機、電気調理器などの家電が爆発的に普及し、家計の消費支出が一九五二年から六四年までの間に実質的に四五パーセントも増えた。簡単にいえば、収入がその分伸びたのだ。週当たりの平均賃金は、一九五〇年に約七ポンドだったのが、五五年には一一ポンド、六四年には一八ポンドと、給与は一五年間で二・五倍にまで増えた。失業率は二パーセントを切り、「完全雇用」という言葉も現実のものとなった。貧困ライン以下に暮らす労働者は三パーセント以下と、戦前（一九三〇年）の一〇分の一にまで減り、これを受けて当時『タイムズ』紙は「どうしようもない困窮の実質的な根絶」と謳った。マルクス主義者であった歴史家ホブズボームは「工業労働者の古い心臓地帯では、労働歌インターナショナルの言う『起て、飢えたる者よ』は、今では車をもち、年次有給休暇はスペインで過ごすことを計画している労働者たちには意味を持ち得べくもなかった」と、こうした変化を皮肉気味に書いた。日本の所得倍増計画（一九六〇年）や「三種の神器（テレビ・洗濯機・冷蔵庫）」の普及は、世界的な潮流の一部であり、戦後日本だけの奇跡ではない。

ところで、この所得増を実現したのは戦前から持続してきた技術革新を伴う、先進国の製造業でもあった。一九六〇年代に世界の生産量の四分の三、工業輸出品の八割は西側先進国によるものだった。しかもその量は五〇年から六〇年にかけて四倍に増え、世界貿易も一〇倍以上に増えた。その生産を支えたのは先進工業国の就労人口の約三分の一を占める製造業だった（英米を除く）。製造業人口は一九七〇年代半ばまで増えつづけ、八〇年代になって頭打ちになる。次章で詳しくみるように、製造業の衰退は二〇〇〇年代以降の政治的混乱の要因となる。

「中間層」の困窮化

戦前の規制と調整のされない経済リベラリズムが抑制されたことで、戦後に史上はじめて社会の多数派となったのは、中間層だった。中間層がどういう人びとを指すかはさまざまだが、一般的には、所得階層が中位であり、中間階級としての意識を持ち、安定した雇用によって人生設計が可能になる層のことをいう。また、中・高等教育を受け、専門的職業に就き、消費文化を身につけ、私的所有権に愛着を持ち、何らかの資産を有している層とすることも通例だ。社会学者ブルデューは階級一般を定義して、それは本質的なものではなく、諸々の関係性のなかで定められるものとの前提から、階級は「経済」「文化」「社会関係」の三つの資本から成り立つものであるとしている。経済資本は金銭の多寡、文化資本は教育の程度、社会関係資本は人的ネットワークの厚みのことだが、この三つの資本が「中程度」であるのが中間層ということになる。

そして、経済リベラリズム（ブルジョワのリベラリズム）と、人民民主主義（労働者のデモクラシー）の妥協によって戦後の中間層が生まれ、彼らこそがリベラル・デモクラシーの果実の受益者となるとともに、その担い手となった。もし戦後になってからのリベラル・デモクラシーの正当化が中間層を生んだことでもたらされ、その定着がその中間層からの支持によるものだったとすれば、当然ながら、中間層の衰退は、そのままリベラル・デモクラシーの動揺へとつながっていく。

中間層衰退の起源は一九七〇～八〇年代に求められる。第二章と第三章とも関わるが、先に見たように、ピケティは不平等とその元凶となる資産格差が一九七〇年代ごろから、各国で拡大したことを証明した。ミラノヴィッチもまた、一九八八年から二〇一三年までの世界各国の所得分配を比較、新興国と先進国富裕層の所得（中央値）が漸進的に向上しているのに対し、先進国の中間層に該当する所得パーセンタイルが横ばいのままであることを証明した。マッキンゼー・グローバル研究所は、二〇〇五年以降から先進二五ヵ国の家計所得の三分の二は横ばい、もしくは低下していると試算している。アメリカを例に取ると、一九八〇年代初頭に人口の三〇パーセント以上を占めていた中間層は、二〇一〇年には二七パーセントにまで減少し、ここから中間層の経済に占める総所得は二六パーセントから二一パーセントにまで減少した。二五歳から六四歳までの労働人口で、所得中央値の五〇パーセント以内の所得のある家計は一九七九年時点で五六パーセントだったのが、二〇一二年には戦後初めて半分を切り、四五パーセントとなった。米ラッセル・セージ財団は、一九八四年と比べて二〇一六年にアメリカの平均家庭の収入は一四パーセント減少したと試算する。

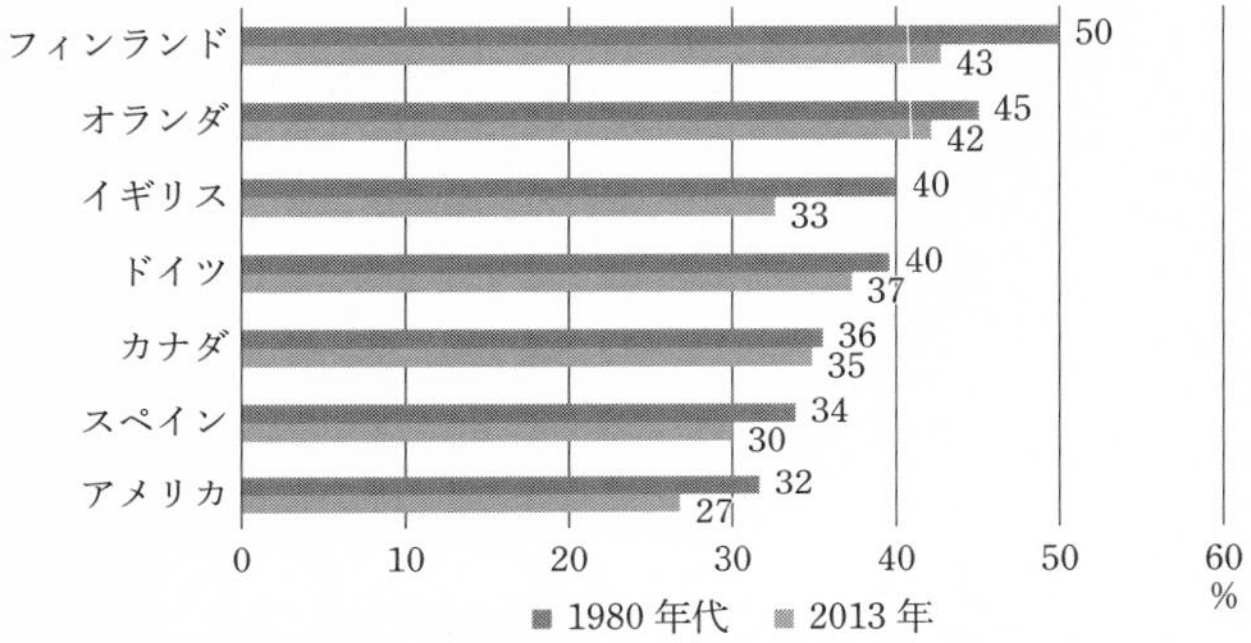

〔表2〕1980年代初頭から2013年にかけての中間層（中位所得層の上下25%所得層）の減少

出　典：Branko Milanovic, Changes in the global income distribution and their political consequences , 2018

先進国全体でみても、一九八〇年代までの所得増加分は所得下位半分に集中していたが、二〇一〇年代になってこれが反転し、上位半分だけが所得増を経験している。一九八〇年代と比べた時、所得中央値から測った中間層の減少は、二〇一〇年代になってフィンランドなどの北欧諸国、ドイツやオランダといったヨーロッパ大陸の国でも観察されている（表2）。

中間層の減退は、所得からも確認できる。表3は、二〇〇五年から二〇一四年までの間で一次所得（再分配前の所得）の増減を各国の所得階層別にみたものだが、どの国でも所得階層上位が増え、国によって下層階級の所得が増えているのに対して、スウェーデンを除き、中間層のそれが目減りしていることがわかる。ＩＭＦの試算では、アメリカの中間層は二〇〇〇年の五八パーセントから二〇一四年には四七パーセントに減り、所得下位層へ移動した割合は上位層への移動より、一三倍も大きい。中間層は「絞られている」のである。

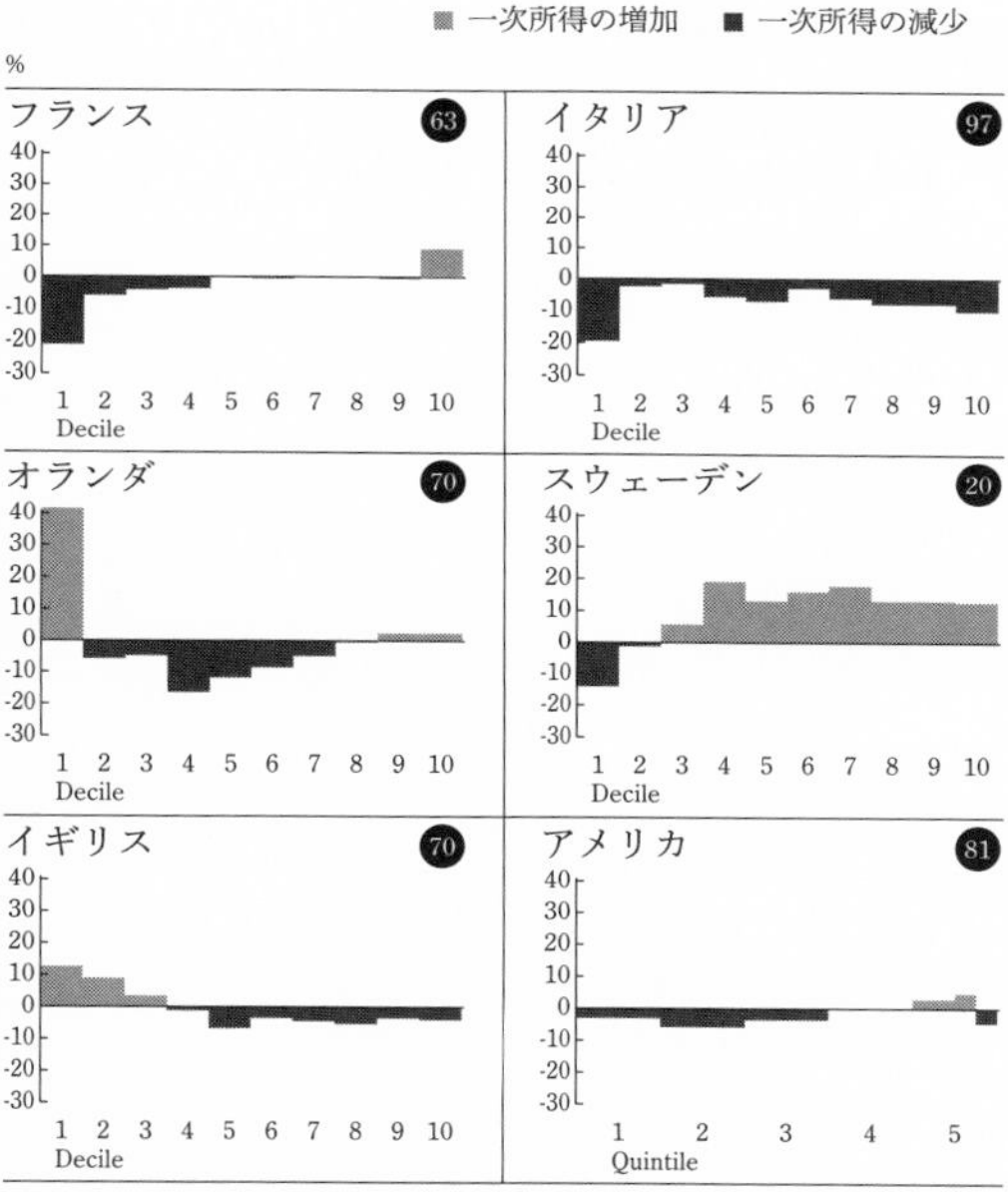

〔表3〕2005-2014年までの所得移転の分布（下位１～上位５分位）

出典：MGI, *Poorer than Their Parents?*, 2016

製造業の衰退と「二極化」

中間層の縮減は、先進国での製造業の衰退と符合している。過去四〇年間で製造業の雇用者数は大きく減少しており、アメリカとイギリスでは一九七〇年と比べて半分以上（それぞれ二四パーセントから八パーセント、三五パーセントから一四パーセント）、フランスでも半減（二八パーセントから一五パーセント）している。

アメリカの労働市場では、中間層がこれまで従事していた建設業などの業界での雇用や賃金の伸びが減少ないし横ばい傾向にあり、一方で飲食業やマネージメント業務の雇用や賃金の伸びが著しい。「仕事の二極化」などと呼ばれるが、高度の技術や技能がなくとも働けるルーティン作業の典型である製造業が衰退し、コミュニケーション能力を含む文化資本を要するノン・ルーティン作業の需要が増えている。景気の好し悪しにかかわらず、成長する産業と衰退する産業のコントラストがますますはっきりしてきているのだ。日本でも一九五〇年代に農林業と製造業で労働人口比率が逆転した後、九〇年代初頭にはさらに製造業とサービス業とが逆転するようになった。しかし、製造業に代わるこのサービス業の伸張は「仕事の二極化」に拍車をかけるようになる。そして第四章でみるように、労働の変革の波は移民系市民にも及び、それが排外主義の温床ともなっている。

サービス産業の発展によって、労働力の移動がスムーズにおこなわれれば、中間層の没落は回避され得たかもしれない。しかし、産業間の労働力移動は、職業訓練や技術訓練など、積極的な人的資本投資を要するため、公共部門がこれに関与していなければならない。学資を含め、自らに投資できる人びとは問題ない。しかし次章でみるように、公共部門を維持する社民的政策は九〇年代にすでに放棄されてしまっている。

「仕事の二極分化」はますます顕著になっている。次ページ表4は、一九九〇年代半ばから二〇一四年にかけて、先進各国における雇用者の熟練度による雇用率と短期雇用の割合の推移を見たものだ。ここからは、熟練工であればあるほど雇用率が高く、熟練度（技能レベル）が低ければ低いほど、短期雇用に甘んじる傾向があることがわかる。先のブルデューの議論の如く、この熟練度そのものも、学歴といった文化資本に依存している。

ここに至って社会階層に包摂されていた個人は、自分自身の資本にしか依存することができなくなり、以下の章でみていくような「ウーバー化」のプロセス、すなわち個人のアイデンティティを駆動力とした政治が展開されていくようになる。

命の価値さえも不平等

二〇一六年のアメリカ大統領選の最中、プリンストン大学の研究者らが同国の働き盛り

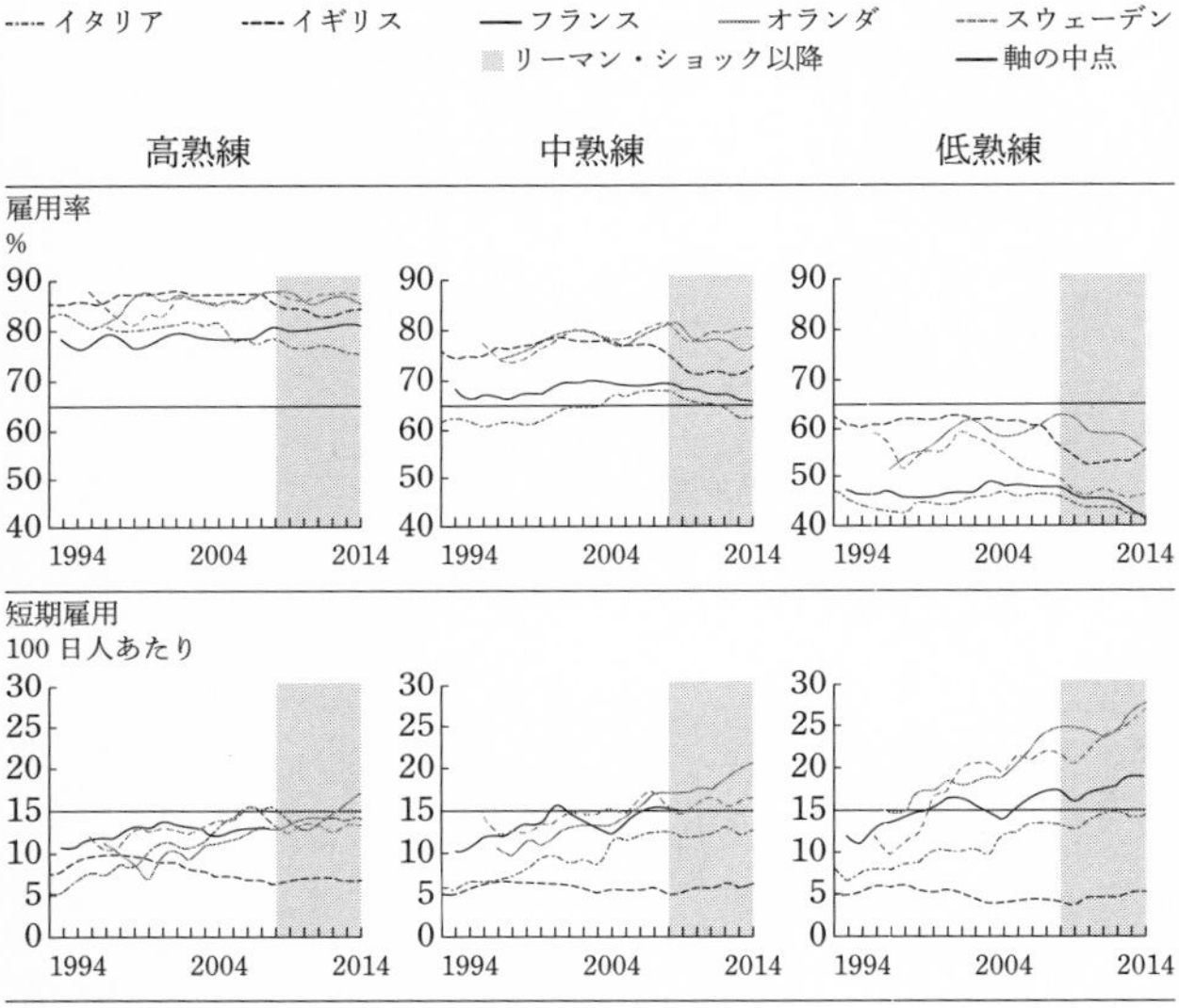

〔表4〕熟練度の差異で生まれる「勝者」と「敗者」
出典：表3に同じ

の白人労働者（ヒスパニック系を除く）の死亡率だけが九〇年代以降に上昇していることを発見、しかもその死因がアルコール依存症や薬物依存によるものだとして話題になった。その死亡者数は年間の交通事故死者数より多い。彼ら白人労働者たちは、その多くが高卒以下の学歴しか持たない人びとだ（ちなみにその薬物の多くは中国からの密輸入だともされている。そうした意味でも彼らはグローバル化の犠牲者である）。こうした傾向も手伝って、アメリカの平均寿命は過去一〇〇年間ではじめて三年連続で短くなった。フランスの統計でも、全雇用者のうち、男性の労働者層の平均寿命の延びが他の職種と比べて低いことがわかっている。つまり、収入の差だけではなく、先進国にあっても、職種、そしてその職種を決める学歴によって、命の価値さえもが不平等になっているのだ。

行き場を失う中間層

ＩＭＦは、七〇年代以降の労働分配率の低下、すなわち雇用者の賃金の低下のうち、半分が技術革新によって、四分の一はグローバル化による国際競争に伴うものと試算している。製造業に代わる、欧米でのサービス業部門での雇用増は、福祉や飲食などの対人サービスといった低付加価値部門か、金融や情報サービスのような高付加価値部門に限られている。そして、この低付加価値部門は移民やオートメーション化に奪われ、高付加価値部門では高学歴や技能を持った若年層に奪われ、戦後の工業時代に生まれてきた中間層は、行き場を失い、空中分解することになる。二〇二〇年前半に世界を覆った新型コロナウイルスによるパンデミックは、この中間層の困窮化に拍車をかけることになるだろう。

さらに雇用形態の変化は、製造業が条件とする雇用の安定（高付加価値製造業は一定程度の技能習得期間が必要なため）を奪い去る。ふたたびイギリスを例にとれば、雇用者の三割以上がパートタイムのいわゆる非正規雇用へと転換されており、正規雇用や自営業者の数は一九七五年の五五パーセントをピークに、現在では四人に一人にまで減っている。新たに創出される雇用の三分の二は非正規（有期雇用）であるため、正規雇用のシェアは漸減していくことになる。その結果、イギリスでは全労働者人口の半分以上が貧困レベルか、それに近い水準で生活しているとされる。映画監督ケン・ローチの二〇一九年の作品『家族を想うとき』に具体的に描かれ、ウーバーも同様だが、就労時間が決められておらず、雇用主の依頼がある時だけ就労する、いわゆる「ゼロ時間契約」も増大しており、労働人口の一パーセントから五パーセントがここに含まれると試算されている。日本でも、就労人口の一割がすでにこうした個人事業主だ。このような極端な雇用形態でなくとも、ＯＥＣＤは二〇一四年の段階で、過去二五年で、正規雇用の倍以上の速度で、非正規雇用が拡大していっていると報告している。コロナ禍のなかで知られるようになった「エッセンシャル・

ワーカー」や「キー・ワーカー」の一部もそうだが、こうした労働者が働く環境は苛酷かつ劣悪なものだ。

アメリカでは二〇〇八年のリーマンショック、ヨーロッパでは二〇一〇年から本格化したユーロ危機が一段落して、財政緊縮や増税がなされ、中間層没落に追い打ちをかけた。イギリスでは、数年で付加価値税が五パーセント引き上げられ、医療や教育を除いて予算は二割も圧縮された。これは公務員の給与凍結や補助制度の廃止へとつながり、国民の購買力を奪った。九〇年代に一一パーセントだった同国のニート率は二〇一〇年に一四パーセントへと増えた。こうした社会の現状に対する不満がEU離脱につながったことは想像に難くない。

フランスやイタリアも、二〇〇九年に緊急避難的に財政赤字を膨らませたが、EUの財政規律のもと、赤字を縮減しなければ再度の通貨危機を招きかねず、数年でこれを半減させるほどの緊縮策に着手した。事件として報道されるような出来事ではないため日本では実感が湧かないかもしれないが、二〇一八年末からフランス全土で広がった「黄色いベスト運動」も、こうした中間層を直撃した大不況と増税が生んだ現象だ。

英シンクタンク「ポリシー・ネットワーク」は、現代の先進国は富める上位五パーセントと、低賃金と不安定雇用に苛まれる下位二〇パーセント、両極に挟まれる中間層七五パーセントに分断されていると指摘したことがある（「5−75−20の社会」）。上位五パーセントはグローバル化の恩恵を受け、下位二〇パーセントは国家の庇護を受ける。そのなかで最も脆弱になっているのは、戦後に安定した国家という共同体、その枠内で政策を決めていた政党という権力、そして再分配という争点の三つがあって生むことのできていた中間層なのだ。だから、この三位一体が崩壊すれば、彼らはリベラル・デモクラシーに愛想を尽かしはじめるだろう。

「捕食性アイデンティティ」——社会的ステイタスを脅かされる恐怖

二〇一六年のアメリカ大統領選で一躍有名になった「ラストベルト」という言葉に象徴的なように、トランプ大統領やイギリスのEU離脱に投票した有権者、あるいはフランスの極右政党FN支持者など、近年の政治ラディカリズムに惹かれているのは、戦後高度成長の牽引車だった製造業や石炭鉄鋼地域の有権者だ。彼らの多くは所得水準では下位中間層に位置する。米ギャラップ社の調査では、トランプに投票したのは非製造業従事者の四五パーセントに対して製造業従事者では五四パーセントとなっている。

戦後工業社会によって生まれた中間層が、政治的急進主義に吸い寄せられていっていることは多くの調査研究から明らかになっている。中間層のなかでも、いくつかの層が特定されるが、そのなかでも、ブルデューの言葉を使えば「中間的分派」、すなわち何らかの資産（経済資本）を持っているものの、学歴（文化資本）が相対的に低く、産業衰退に伴って社会的関係（社会関係資本）を失いつつある層が政治的急進主義へと移動していることがわかっている。例えば、フランスの国民戦線の忠実な支持者は、製造業の労働者層の中年男性で、しかも持ち家や車など、何らかの資産を持っている層であることが特定されている。

社会学者ジャスティン・ゲストは、製造業で栄えた地域（オハイオ州のヤングスタウンならびにイギリスのイースト・ロンドン）の白人男性労働者層を対象に、彼らが下降移動することで社会的マイノリティへと転落する恐怖心を綴っている。こうした層は、移民に労働を奪われていると口にすればレイシストのレッテルを、グローバルな国際競争を非難すれば怠け者との烙印を押されることになる。

七〇〜八〇年代の経済リベラリズムの再興は、高学歴で高所得の新たなエリートを生み、政治リベラリズムは移民や女性の権利を増進する。そのなかで、旧中間層は経済的にはもちろん、政治的にも社会的にも相対的な剝奪感に苛まれ、自分たちを「新たなマイノリティ」とみなしているというのがゲストの発見でもあった。アメリカでは二〇六〇年に白人人口が半数を割り、中南米系と黒人を合わせた程度になると推計されている。しかし、彼らは戦後社会では「勝ち組」だった、かつての中間層なのである。製造業の衰退は家賃の低下や人口流出によって、地域での非白人住人や移民の増加へとつながる。だから、移民を身近な脅威として感じることになる。第四章でみるように、剝奪感を抱く者は、政治的・社会的急進主義へと引き寄せられ、なかには「オルタナ右翼」のような白人至上主義といった過激主義に染まるものが出てくることになる。

マジョリティであったはずの彼らは、なぜ疎外感を強め、凶暴になるのか。文化人類学者アパドゥライは、その社会や国のマジョリティは「捕食性アイデンティティ」を持つゆえ、排他的ないし攻撃的になる傾向を持つとする。これは、自分たちがマイノリティへと転じる恐怖に怯え、近接する他の社会的アイデンティティを抹殺しようとすることで、マジョリティとしての地位（ステイタス）にしがみつこうとする意識のことだ。自分たちが上昇できないのであれば、他集団を蹴落とすことこそ、自分たちの地位を維持する合理的な戦略となる。

こうした心理的傾向は、過去にもみられた。アメリカの人種問題研究の草分け的存在であり、マルクス主義者でもあったデュボイスは『アメリカの黒人復興』（一九三五年）で、白人南部の白人と黒人がともに貧しいのにもかかわらず共通の階級意識を持てないのは、白人が人種的には優位であるという「心理的賃金の上乗せ」があるからと分析した。劣悪な労働環境に喘いでいても、白人の低賃金労働者は黒人よりも社会的ステイタスが高いという満足感によって、その経済的な劣等意識を相殺することができる。それゆえ、その社会的ステイタスが脅かされることは異常なまでの恐怖感につながるのである（トランプは意識的にそれを煽った）。次章でみるように、このステイタスをめぐる政治が今になって勃興しているのだ。

現状の否定への反転――フロム『自由からの逃走』

米シンクタンク「ソーシャル・プログレス・インペラティヴ（SPI）」は、人びとの基本的ニーズ、生活環境、人生における機会などを基準とする五三の指標から、世界各国の社会的進歩の度合いを測っている。住居や保健が整っているなどの生活環境に加えて、初等・中等教育の普及度や女子学生の就学の割合、インターネット普及度合いや報道の自由、男女差別や性的少数者の権利保護や高等教育機関の教育水準など、いわばその国がどの程度「リベラル」であるかを測る物差しだ。

この社会的進歩の指数は、当然ながら経済規模と強く相関している。トレンドとしては一人あたりGDPが三万ドル（購買力平価）前後で指数は頭打ちになり、これを超えると社会的進歩の速度は遅くなる。例えばアメリカの一人あたりGDPは約五万ドルだが、その進歩指数は六万ドルを超えるノルウェー、あるいは二万五〇〇〇ドルのポルトガルと比べて、大きくは変わらない（ちなみに日本の進歩指数は、ベルギーやスペインに続く一九位、アジアでは唯一、二〇位圏内）。他方、二〇一七年のランキングをみると、前回調査の二〇一四年から指標が悪くなっている国、すなわち「社会的に後退」しているのは先進国では唯一、「非リベラル国家」として先に言及したハンガリーだ。

所得水準が一定値を越えると社会的進歩が頭打ちになるというのは歴史的な経験とも合致するが、SPIは、中間層が各国で主流となることと、社会的進歩が進むことは明確に相関しているという。ゴールドマン・サックスの定義でも一人あたりGDPが六〇〇〇ドルから三万ドルの間を世界的な中間層と定義しており、これは中間層が社会的進歩の主要な担い手であることを意味している。

だから中間層の減退は、リベラルな価値の減退につながる。中間層の持つ危うさを同時代的に分析した名著に、エーリッヒ・フロム『自由からの逃走』（一九四一年）がある。ナチス時代を目撃したフロムのこの本は、実際には「下層中産階級」がいかに破壊的になりうるのかの解題でもある。彼は、政治や社会を支配する資本家エリートや、反対に彼らを恨み社会の変革を夢見る下層階級とも異なり、中間層が上流階級に従いつつ、ただ社会の安定を望む、保守的な人びととみなした。祖先から受け継ぐだけの資本のない彼らは、経済リベラリズムによって豊かになることを夢見て我慢を重ねるものの、それが果たせなくなったとき、現状肯定は現状の否定へと反転し、いまでいう「ポスト真実」へと流れ込んでいき、比類のない「破壊性」をみせるというのが、フロムの診断だった。「下層中産階級のひとびとが、その性格のうちにもっている破壊性の程度は、労働者階級や上層階級におけるよりも、はるかに大きい」のだ、と。

将来を悲観する人びと

中間層の没落に伴い、将来に対する悲観が覆っている。ピュー・リサーチセンターの二〇一五年の調査では、日本を含む先進国の平均六割以上が、子どもたちの世代の暮らし向きは、自分たちよりも悪化すると回答している。中間層は、将来を悲観しはじめているのだ。

彼らの支持は、トランプや極右政治家に振り向けられる。「次世代の状況が良くなると思うか」を問うアメリカ大統領選での出口調査では、ヒラリー・クリントン候補に投票した有権者の五九パーセントが良くなると答えたのに対し、トランプに投票した有権者では三八パーセントに過ぎない（CNN出口調査）。同様に、フランスの大統領選で「フランスの未来は明るいか」と尋ねられて、リベラルなマクロンに投票した有権者の七一パーセントが「明るい」と答えたのに対し、極右ルペンに投票したもので同じように答えたのは二八

フランスの未来は明るいか？	
マクロン投票者	71%
ルペン投票者	28%
グローバル化はフランスにプラスか？	
マクロン投票者	75%
ルペン投票者	13%
移民は失業率に悪影響を及ぼすか？	
マクロン投票者	25%
ルペン投票者	77%
フランスは世界に開かれるべきか？	
マクロン投票者	70%
ルペン投票者	10%

〔IFOP/IPSOS 調査〕

次世代の状況はよくなるか？	
トランプ投票者	38%
クリントン投票者	59%
連邦政府の機能に満足か？	
トランプ投票者	19%
クリントン投票者	76%
自由貿易は雇用を生むか？	
トランプ投票者	35%
クリントン投票者	59%
国の方向性は正しいか？	
トランプ投票者	7%
クリントン投票者	89%

〔CNN 調査〕
※内訳の％

〔表5〕二極化する先進国
出典：筆者作成

パーセントに過ぎない（ＩＦＯＰ／ＩＰＳＯＳ調査）。その他にも、グローバル化や政府に対する信頼など、イデオロギーとは関係なしに、政治意識が二分されていることがわかる（表5）。

二〇一六年のアメリカ大統領選では、民主党のオバマ政権下で過去最低の失業率となっていたにもかかわらず、なぜ与党のクリントン候補の支持率が上がらず、なぜトランプが当選したのかが疑問視されたが、時々の経済的条件だけで人は投票先を決めるわけではない。それは、自分や自分の子孫を含めて、将来に希望が持てるか否かという展望に大きく関わっている。戦後に分厚い中間層を生んで将来を約束したリベラル・デモクラシーは、それゆえ中間層の衰退によって、大きく動揺することになる。

悲観する材料には事欠かない。先進国の生産性はリーマンショック以前に回復できずに、成長率を押し下げている。そのしわ寄せを受けるのは、右派ポピュリズムを支持する中高年の長期失業者と、左派ポピュリズムに引き寄せられる若年層という、社会の両極だ。ここでリベラル・デモクラシーは上の世代と下の世代から挟み撃ちにあう。フランスの若年層の失業率は約二五パーセント、イタリアやスペインでは四〇パーセント以上にものぼった。ユーロ危機で超緊縮策を余儀なくされ、国民の四人に一人が失業者となったギリシャでは、自殺者数が三割以上も増え、エイズなどの感染症が蔓延するなど、社会崩壊の憂き目にあっている。

リーマンショック以降の信用収縮で投資と雇用が減らされ、そのしわ寄せを受けているのは未来を担う若年層だ。アメリカでは、大卒が失業する可能性は中卒の三分の一程度、そのため大学進学は欠かせない。しかし、リーマンショック以降、高等教育での生徒一人あたりの連邦政府の支出は三割近く減らされ、多額の借金（一人あたり平均三万ドル）を若者が背負う結果になっている。戦後期、子どもたちがより豊かになる確率は九割以上あったが、現在では五割以下にまで低下していると試算される。二五年前の二〇代と比べ、八〇年代生まれのミレニアル世代が有する資産は、その約半分に過ぎない。こうした若者をとりまく環境の変化は、二〇一六年大統領選でのサンダース旋風と二〇二〇年の民主党予備選での党内急進派の支持につながった。アメリカＣＤＣ（疾病予防管理センター）の調査では、二〇二〇年六月のロックダウンでアメリカ人の一一パーセントが自殺を考えた経験を持つとしているが、その割合は若年層では二五パーセントにまで跳ね上がったことも、彼らが置かれた苦境を物語っている。

こうしたミレニアル世代の約四分の一が民主主義を評価しておらず、民主的価値の軽視が進んでいるとの調査もある。ハーバード大学の調査では最近、ポーランドやベネズエラなどの新興民主主義国だけでなく、オーストリアやオランダ、イギリス、ニュージーランドやアメリカなどでも、若年層の間で権威主義的価値が支持されていることを明らかにした。例えば「軍部支配がよいこと」と考えるアメリカ人は一九九五年に一六人に一人だったのが、二〇一四年には六人に一人まで増えている。日本でも一九九〇年代を境に権威主義やナショナリズムへの抵抗感が低まっていることが調査から明らかになっている。

「民主化の波」は押し返されるのか

議論をまとめよう。リベラル・デモクラシーは、戦前の野放図な経済リベラリズムと過度のデモクラシーを抑制的なものとし、戦後成長のなかで中間層を生んだことで安定をみた。この環境は比較的同質的な国民国家という共同体、成長の果実をいかに配分するかという争点、そしてそのなかで安定的な競争関係にあった政党政治によって作られていた。しかしこの中間層はもはや世代を問わず、成長の鈍化、具体的にいって将来展望のなさから政治的な急進主義へと引き寄せられるようになっている。だからこそ、非リベラルな民主主義が上り調子で台頭しているのだ。

「文明の衝突」論で有名になった政治学者ハンチントンは、冷戦崩壊直後の一九九一年に「民主化の第三の波」が世界を覆いつつある、と指摘した。これは、人類が一九世紀半ばと第二次世界大戦後に続いて、一九七〇年代からスペインやポルトガル、一九九〇年代から東欧にも波及する民主化の波を三度経験して民主主義が広まるという、長期的なトレンドを予見したものだった。しかし、その一方で彼は民主化の波は、必ず退潮を伴うとしている。一九世紀半ばからのヨーロッパの民主化の波はその後一九三〇年代にファシズムを生み、戦後には日本や西ドイツの民主化があった一方、東南アジアや南米では独裁政権が生まれた。ハンチントンのこの歴史観は、因果関係というよりパターンの発見に過ぎないが、それが正しければ、我々が民主主義後退の第三の波のとば口に立っている可能性は否定できない。

その印象は広く共有されている。オバマ大統領は任期最後の二〇一六年国連総会での演説で、現下ではリベラリズムと権威主義の戦いが繰り広げられており、人権と市民社会、司法の独立と法の支配が挑戦を受けていることに警鐘を鳴らした。フランスのマクロン大統領は英誌インタビューに、「歴史の終わり」という、民主主義の際限ない拡大と西側の価値観こそ普遍的であるとの考え方は二一世紀になってまちがいだったことが判明したと答えている。だから、例えばロシア外相のセルゲイ・ラブロフは、世界はすでに「ポスト西洋の世界秩序」に突入していると謳いあげることができるのだ。

中国は、民主派勢力を封じ込めようと、コロナを理由として香港の立法院（国会）選挙の一年間の延期を二〇二〇年八月に決定したが、他方で二〇二〇年に大統領選を控えたアメリカでは、トランプ大統領が感染症対策として推奨される郵便投票では不正が防げなくなるとしてその延期を主張した。自由で定期的な選挙という、リベラル・デモクラシーの大原則が、権威主義国家と民主主義国家の両極から攻撃にあっているのだ。

民主化研究で有名なフィリップ・シュミッターは「民主主義は必需品ではなく、それは集合としてまとまって選択されたものである」と、それが政治的な意思によって選び取られるゆえに安定してきたのだという。それゆえ、人びとがリベラル・デモクラシーによって恩恵を受けていると感じられなくなったとき、リベラル・デモクラシーという人類史上稀に見る奇跡的な発明は、自ら瓦解の道を歩んでいく。そのプロセスを次章でみていこう。

第二章　権威主義政治はなぜ生まれたのか

――リベラリズムの隘路

「権威主義vs.リベラル」の対立軸へ

リベラル・デモクラシーの三位一体の崩壊を受けて、先進国の政党政治は、大きな異変に見舞われている。前章でみたように、イギリスは二〇一六年に国民投票でもって経済的な打撃を受けることが予測されるEU離脱を決し、同年のアメリカ大統領選では大多数の予想を裏切り、政敵を罵倒しつづけたドナルド・トランプが選ばれた。ヨーロッパの大陸諸国では、ここ数年、いわゆる極右ポピュリスト勢力の伸張が著しい。オーストリアやイタリアではポピュリスト政党が政権を一度は手にした。イギリスやフランスを含め、ポピュリスト政党は保革政党につぐ第三極の地位を占めて、キャスティングボートを握っている。

政治が「保守vs.左派」という構図をとるのは、程度の差はあれ、どの国にも共通してきた。それが一九世紀以来の階級社会の対立軸だったからだ。しかし近年の政治変動は、この構図が過去のものになりつつあることを示している。結論からいえば、経済リベラリズムと資本主義の発展から生まれた工業社会が終焉を迎え、この下部構造の変動は間接的に上部構造たる政治をも変化させている。そこで生まれているのは「権威主義vs.リベラル」という対立軸である。

バークの保守主義の内実

新たな対立軸を知るためには、過去のそれがどのようなものであったかを知る必要がある。これまでの政治の対立軸は、先進国ではおおよそ「保守中道政党vs.左派社民主義政党」というものだった（加えて自由主義政党が有力な国もあった）。ここでは、保守と左派の政治的潮流が現実政治との関わり合いのなかでどのように生まれてきたのかを簡単に確認しておく。

「保守主義（conservatism）」という言葉を最初に広めたのは一九世紀前半のフランスの文人シャトーブリアンだとされるが、体系的な保守思想が誕生したのは、フランス革命を経てからのことだ。革命に続く共和国が、ルソーやヴォルテールらによる啓蒙思想にインスパイアされた後、ナポレオン戦争後の王政復古の時代に「保守主義」という政治潮流が本格的に誕生する。

一九世紀、保守主義の敵はリベラリズムではなかった。王権を基礎とした伝統的な秩序がフランス革命のような世俗革命で破壊されてから保守主義は創造された。「保守主義」の原義は「保存」であり、それは伝統や秩序から解放された人間の横暴を警戒するものでもあった。保守主義の祖として名高いバークはその『フランス革命の省察』（一七九〇年）

で、フランス革命は「人間の権利なる名のもとでの民主的な専制であって、断じて自由などではない」と断罪し、民主主義を警戒した。

そのバークはしかし、自国のイギリスで王権を制約した「名誉革命」のことは高く評価していた。つまり、少なくともイギリスの保守主義は、王政ではなく、これと対立する議会を基盤とする個人と商業の自由に重きを置くリベラリズムと親和性が高かったのだ（これは「ホイッグ史観」と呼ばれる）。そのフランス革命批判から、バークは日本で「保守主義の祖」として知られているが、彼は当時勃興した商工階級に期待をかけていたから、イギリスの王朝が代表する保守主義ではなく、その後ブルジョワジーの支配的な思考体系となるリベラリズムの理論的支柱でもあった（彼は後の自由党となるホイッグ党から議員に選出されている）。実際に、議会のホイッグ党はその後、ブルジョワジーを主とする自由党へと発展を遂げていった。

反対に、フランスやスペインでいうところの保守主義は、カトリック教会が支える王権や個人独裁（ボナパルティズム）とほぼ同義として用いられ、ゆえに「保守主義」ではなく「右派」と認識されるのが一般的だ。

ヨーロッパのリベラルはアメリカの保守主義

アメリカの政治的対立軸は保守とリベラルだ。王権も、これを支える封建制度もなかったアメリカでは、リベラリズムが所与のものとして存在していたから、保守とリベラルの対立は、むしろ政府の大小や介入の是非をめぐるものとなる。保守は個人の自由を最大限に尊重し、政府の役割を極限まで小さくすることを求め、リベラルは政府の介入を是認して個人間の平等を推し進めようとする。それゆえ、アメリカでいうリベラルはヨーロッパでは保守になり、ヨーロッパのリベラルはアメリカでは保守主義という逆転現象が起きることになる。

それぞれには支流もある。例えば、アメリカ的リベラリズムの最右翼には個人の自由を至上価値に置く「リバータリアニズム」があり（「リバータリアン党」は、大統領選で候補者を指名している）、反対に「コミュニタリアニズム」という共同体を重視する立場もある。またバークと同じように多数派の専制を警戒して、建国初期には民主主義よりも共和主義的精神（徳を備えたエリートの統治と言い換えられる）を重んじる共和主義の潮流も認められる。

資本主義が生み出した第三の潮流

歴史的にみて、保守主義と対立するのは自由主義だった。それゆえ「保守vs.左派」の対立軸が完成するには、一九世紀半ばから二〇世紀初頭にかけて、両者の間に割って入る共産主義と社会主義、その派生物としての社会民主主義の誕生を待たなければならない。この第三の政治潮流を生み出したのは当然ながら、資本主義の発展だった。エンゲルスは『イギリスにおける労働者階級の状態』（一八四五年）で、「プロレタリアートの激憤が最も高い状態にまで達しているのがイギリスであることには疑いはない」と、「世界の工場」として稼動するイギリスの資本主義を批判した。マルクスはその三年後にエンゲルスとの共著として公刊される『共産党宣言』で「今日まであらゆる社会の歴史は階級闘争の歴史である」と書く。ここに、二〇世紀になって開花する所有と生産をめぐる保守vs.社民という工業社会での対立が生まれることになる。二〇世紀後半はまた資本主義と社会主義の二大陣営による冷戦の時代でもあったが、それはこの「階級闘争の歴史」のイデオロギー的な拡張の戦争でもあった。しかし、対立軸は時代によって大きく移り変わってきたのだ。

階級と階層の違い——マルクスとウェーバー

ここでいわれる階級（class）とは何を意味するのかということを明らかにしておかなければならないだろう。

一般的に知られているのはもちろん、マルクスによる定義だ。『資本論』で特定されているのは、①生産手段を要する資本家、②他人に雇われる労働者、③封建主義の残存である土地所有者の三つだ。これらは、①リベラリズム、②社会民主主義、③保守主義という、三つの政治的潮流と符合する。

もっとも、マルクスの関心はもっぱら労働者の階級意識をいかに生成するかということにあり、財産と資本を持つ他の二つの階級に対して、異なる可能性を担保することを目標にしていた（「即自的階級」から「対自的階級」への脱皮）。生産様式こそが階級意識を規定するのであって、その人間が主観的にどのような階級意識を持つのかは、マルクス主義にあっては二次的なものとなっていることに特徴がある。

異なる階級の定義は、もう一人の社会科学の巨人、マックス・ウェーバーによるものがある。彼はマルクスに対して、より主観的な側面を重視して、それが経済的側面から派生するのではなく、名誉や影響力、権力志向などから成り立つ、より流動的なものとみなした。「階級」という言葉がマルクス主義に由来する、固定的で静態的なニュアンスを持つものであるとすれば、日本語でいうところの「階層」に近い、より流動的で可変的な意識こそ、ウェーバーが見出したものだった。宗教や政党、暴力や官僚機構など、近代社会にあって実際の権力を及ぼすものを中核に形成されるまとまりを、ウェーバーは階層(strata)という言葉で言い換えている。

もっとも第二次世界大戦後に社会と経済が安定していくにつれて、マルクスのいった階級は政治的には意味を持たなくなっていく。第一章でみたように、戦後に「分厚い中間層」がはじめて多数派になったからだ。階級は格差や差異があってはじめて成り立つ概念であって、他の階級との差異が認識されなければ、階級政治は成り立ちようがない。

所得機会の不平等や貧困が先進国でなくなったわけではない。ただ、政治を通じてその解消が実現されなくとも、経済発展と生産活動の拡大による配分が行き渡ればそれが可能になると考えられたところに、階級政治が不要とされた理由があった。不平等をなくすことが合意されたからこそ、階級政治は不要とされたのだ。

保守と左派の対立構造

アメリカで保守とリベラルの対立図式が鮮明になるのは一九三〇年代以降のことだ。そうなったのは、今日に至るまでの保守と左派の対立図式の土台となる資本主義の危機に由来する。

金融危機が瞬く間に世界に広がるかたちで世界恐慌を招いたのは、一九二九年一〇月のアメリカの株式市場の暴落だった。この未曾有の不況のなかで採用されたのが一九三三年に大統領に選出された民主党ローズヴェルトによるニューディール政策であり、彼はアメリカのリベラリズムの伝統に忠実であることを示そうと、連邦政府による市場への介入を

「リベラル」と呼んだ。もともと共和党は北部の商工業者や労働者の党であり、奴隷制に反対したことで黒人の支持をも得ていた。しかし、資本主義の危機をきっかけに、奴隷制を支持して南部保守層を支持基盤にしていた民主党は変容を遂げ、これを機に「ニューディール連合」と呼ばれる、北部の労働者、南部の農民、そして黒人という、それまでは交わることのなかった人びとによる支持構造を形作るようになる。

すなわち、資本主義の危機こそが二〇世紀の保守と左派の対立構造の前提を形作ることになった。ここから、一九世紀には対立していた保守主義とリベラルは、資本主義と自由主義の原理をともに擁護するようになり、この原理を国家介入や労働者の権利擁護によって修正しようとするのが、左派と社会民主主義ということになる。資本主義と自由主義(すなわち経済リベラル)の動揺こそが、社会主義(そしてファシズム)を生み、これに抗するため、それまで対立していた保守主義とリベラリズムを同じ陣営に追いやった。これが二〇世紀後半における先進国のリベラル・デモクラシーに基づく政党政治の基本的なフォーマットとなることを確認しておこう。

この対立軸は、アメリカのみならず、ヨーロッパでも再生産されていく。すなわち、資本家や自営業者、年金生活者といった階級が保守主義や自由主義の旗のもとに集い、労働者やプロレタリアート、文人やジャーナリストなど知識階級が社民主義政党を支持するよ

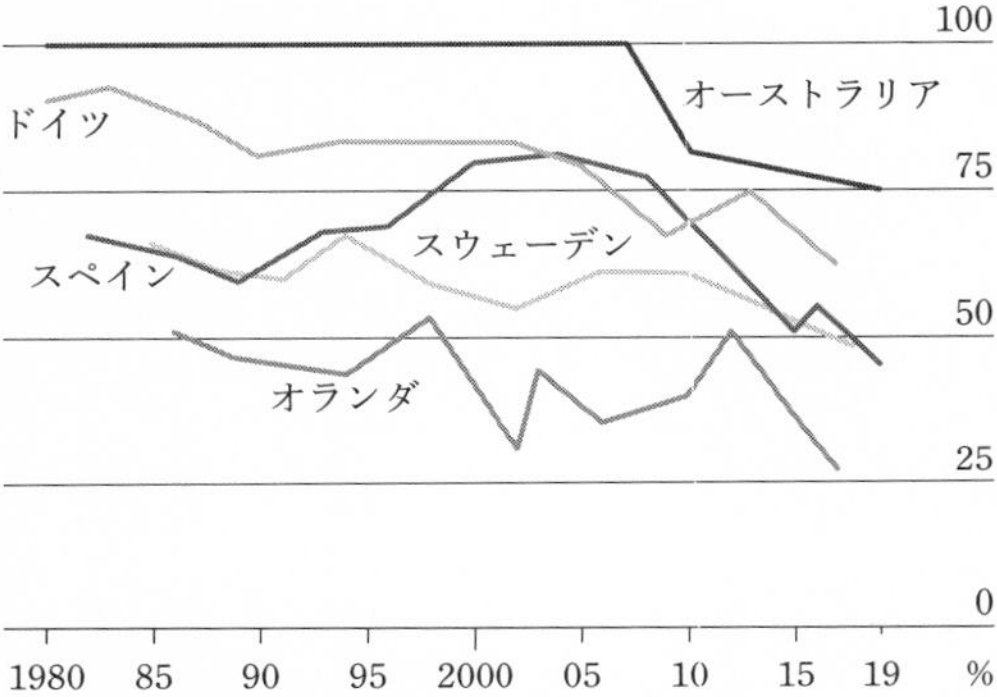

〔表6〕各国総選挙における二大政党の総得票率（%）
出典：*The Economist*, 1st August 2019

うになる。

　もっとも、第二次世界大戦後に制度化されるこの対立の枠組みは、かなりの程度抑制されたゆえに、安定したものでもあった。それを可能にしたのは、前章でみたケインズ型福祉国家の存在であった。野放図な経済リベラリズムが抑制されると同時に、政治リベラリズムに合意した保守勢力と社民主義勢力の協調だった。

　ただし、この対立軸は一九世紀以降に発展してきた工業社会の完成形であると同時に、その凋落の始まりでもあった。この対立に合わせたわかりやすい二大政党制をとるイギリスを例にとった場合、一九五〇年代に保守党と労働党は国政選挙であわせて九割ほどの票を得ていたのが、一九七〇年代に七割台、二〇一〇年代にはこれをも下回るようになっている。保革の二大政党が時代を追うごとに得票率を減らしているのは、イギリス以外の国でもみられる。オーストラリア、ドイツ、オランダなどでも、過去四〇年間にその割合は四分の一ほど減少している（表6）。

ここで見られるのは保守の側も、社民の側も、もはや社会の階層や階級を政治的に代表できなくなってきている状況だ。思想家グラムシは、政治的ヘゲモニーが単なる支配や支持からなるのではなく、文化的、道徳的な次元に支えられて安定すると説いたが、それが液状化しているのだ。その言葉を借りれば「『権威の危機』が語られるようになるとき、まさにヘゲモニーの危機、国家全体の危機となる」。

左派政党に投票しない労働者

このことを客観的な指標でみてみよう。よく知られた「アルフォード指数」は階級的投票を測るもので、特定の社会階層が左派政党か保守政党のいずれに投票したかで測定される。具体的には、労働者階級が左派政党に投票する割合から、他の階級が左派政党に投票する割合を引いて計算される。例えば、ある左派（社民）政党に労働者の六〇パーセントが、中流階級の三〇パーセントが投票した選挙におけるアルフォード指数は「三〇」になる。過度に単純化された指標であるとの批判はあるが、階級に基づく投票が低下していることは多くの論者で意見の一致をみている。

はたして、多くの先進国でこの指標は低下の一途を辿っている。一九五〇年代前半にアメリカを含む国々で、同指数は四〇～五〇パーセントの水準を保っていたのが、一九七〇年代後半を境に右肩下がりとなった。イギリスで一九六〇年代に四〇パーセント前半あったアルフォード指数は、七〇年代に三〇パーセント台、八〇年代から九〇年代にかけて二〇パーセント台、さらに二一世紀に入ってから一時一〇パーセントを割り込んだ。フランスやドイツでも、一九九〇年代に入ると、階級的投票はかつての半分に落ち込み（表7）、先進国のなかでも階級的投票が最も強かった北欧諸国でも、この傾向は止まっていない。

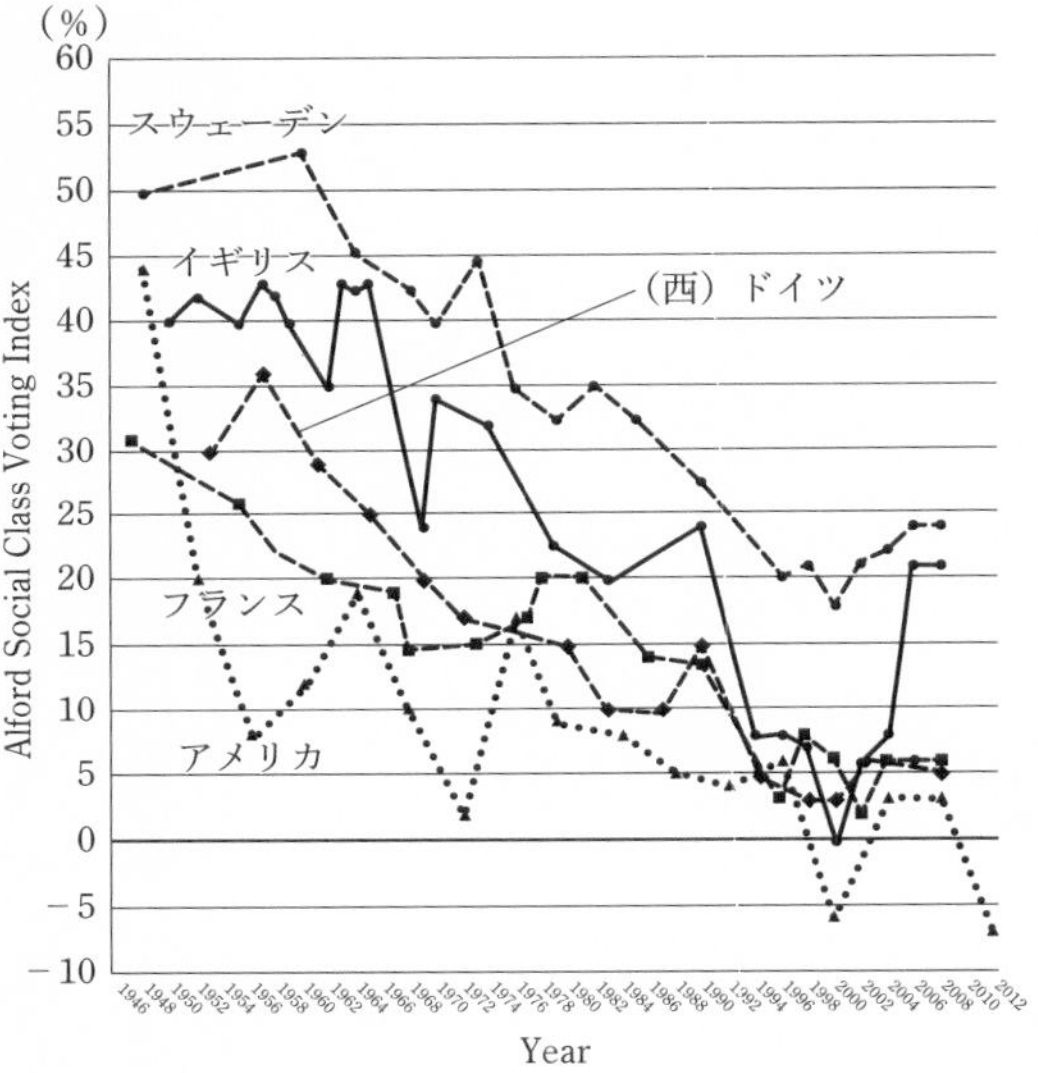

〔表7〕低下するアルフォード指数

出 典：Inglehart, Ronald, *Cultural Evolution*, Cambridge University Press, 2018, p.190.

非経済的争点

戦後の階級政治にあっては、左派による生産手段の国有化と保守の私的所有権の擁護は重要な争点だったが、戦後に中間層が肥大化したことで、その役割を減じていった。政治学者イングルハートとノリスは、先進一三ヵ国（オーストリア、ベルギー、フランス、ドイツ、イタリア、スウェーデン、アメリカなど。日本は含まれず）の政党の選挙公約を精査して、一九八〇年代初頭から、移民や治安、中絶や同性愛者の権利などの「非経済的争点」が、再分配や財政、税制など伝統的な「経済的争点」の倍以上となっていったことを突き止めている。グラムシも、階級や経済的要因だけで人びとの政治的態度が決まるはずだとする態度を「経済主義」といってこれを退けたが、その枠組みそのものが現実に揺らぎはじめているのだ。

その背景には第一章でみたように、製造業部門の衰退があり、いわゆるブルーカラー層の漸減がある。イギリスやドイツ、フランス、イタリアなどの主要国で第二次産業が占めるシェアは、一九八〇年代には三〇パーセント以上を占めていたのが、二〇〇〇年代には二〇パーセント台へと縮小、二〇一〇年代に入ってからEU平均でみれば一五パーセント程度になっている。これと反比例して増加したのがサービス産業だ。このような産業構造の変化は、当然ながら政治に影響を及ぼす。

こうした変化を受けて、ドイツのダーレンドルフやイギリスのギデンズ、フランスのトゥレーヌ、アメリカのＥ・シルズといった社会学者らは一九七〇年代から階級政治の終焉を指摘し、ここから「ポスト工業社会」についての議論が盛んに交わされることになる。これは後に第五章でみる「新しい社会運動」の議論へとつながっていく。

「脱物質主義的価値観」――新たな対立軸の台頭

階級政治の終点において、新たな政治意識の台頭を指摘したもので最も有名なのが、アメリカの政治学者イングルハートが唱えた「脱物質主義的価値観」だ。彼は各国での意識調査から、経済や技術の発展、情報・教育水準の向上などによって、とりわけ戦後世代の「脱物質主義的価値観」、すなわち帰属や承認、愛情、自己実現などの次元が重みを増していくとした。そして、それまでの安全や治安、経済成長や賃上げなどを求める「物質的価値観」は徐々に意味を失うことになる、というのがイングルハートの見立てだった。こうした戦後世代の新たな価値意識は、次章でみる歴史認識問題の発生源ともなる。

イングルハートの議論は『静かなる革命』（一九七七年）で展開されたものだが、その後も脱物質主義的価値観の発展はひきつづき多国調査によって検証され、ＥＵ市民の意識調査などにも採用されている。国によってばらつきはあるものの、一九七〇年代前半と二〇〇〇年代とを比較すると、脱物質主義的価値観はアメリカではほぼ横ばい、フランスやイギリスでは微増、(西)ドイツは倍増している。イングルハートの議論の前提は、つづめていえば、「豊かさ」が当然のものとなった時代には政治に対する期待値も変化するというものであり、環境が変化すれば、個人の意識も変化するということだ。ただ、一九七〇年代の石油危機と九〇年代前半の経済危機のタイミングで脱物質主義的価値観は各国で低下しており、ここから脱物質主義的価値観が物質主義的価値観を完全に凌駕したと考えるのも早計に過ぎるかもしれない。

日本での脱物質主義的価値観の増加も他国と同程度で進んだ。それとともに、一九七三年の総務省の世論調査で、自らの生活の程度を「中」(「中流」ではないことに注意)に位置づける国民がはじめて九割を超え、八〇年代に多少減ったものの、格差や貧困の話題が圧倒的となった二〇一〇年代以降も「中」意識は同程度の水準にある。経済学者の村上泰亮が日本の「新中間大衆」誕生を指摘したのは、イングルハートの「脱物質主義」の議論の約一〇年後のことだ。

もちろん階級や階層がなくなったわけではなく、労働者層は経済的平等を、高所得者層は減税を求めたりする傾向もなくなったわけではない。しかし、ここで重要なのは、これらの社会階層と特定政党との結びつきが時代を追って脆弱なものとなり、代わりに社会的・文化的価値に基づく投票がみられるようになったということである。政治は、富の分配という争点よりも、生き方の問題や女性の地位、マイノリティの権利、環境問題やインターネットを含む科学技術による倫理上の問題、そして何よりも個人の尊厳の問題へと変容していくことになる。

イングルハートの脱物質主義的価値などを尋ねる、一九八一年から始まった国際比較調査（『世界価値観調査』）において、日本はこの価値観を持つ層が一九八〇年代から継続して微増傾向にある。内閣府がほぼ毎年調査している、今後の生活において「心の豊かさ」、「物の豊かさ」のいずれを重視するかについての調査でも、やはり一九八〇年代前半に「心の豊かさ」の方が重要だとする国民が過半数となり、そのまま多数を占めつづけている。宮沢内閣が労働時間の短縮や女性の社会進出などを施策とする「生活大国」を掲げるのは一九九二年のことだが、バブル崩壊を経て二〇一〇年代後半に入ってからも、なお六割以上の国民が心の豊かさを重視すると答えている。

保守vs.左派と権威主義vs.リベラルの四つの極

もっとも、対立軸の変容を問うここでの関心からすれば、このイングルハートの脱物質主義的価値観がどのように政治に反映されたのかこそが肝心だ。

知られているのは政治学者キッチェルトの仮説だ。彼は一九九〇年代半ばに、個人の政治意識が雇用形態やどういった業種で働いているのかという社会的次元と、他人の生活空間がどのような意識をもたらすのかの文化的次元で方向性が決まり、両次元から形成される有権者市場に上手に適応できた政党こそが、選挙で有利になると論じた。このうち、社会的次元は、再分配を重視する左派と、市場原理を重視する保守の対立からなり、文化的次元は個人の自己決定権を重視する「リバタリアン」と権威を重視する「権威主義」との対立軸上に位置する。

具体的にいえば、例えば、高学歴で専門職についている人はリバタリアン的な政治的志向を持ち、反対に利子・年金生活者や単純労働者などは権威主義的な志向性を持つ。これは、公共部門で働く事務職や労働者階層の人ならば左派を、企業経営者・自営業者などであれば保守的な政党をという、従来の階級政治で自然とされた生産様式による結びつきに加えて、「リバタリアン」と「権威主義」という脱物質主義的な価値観が交わって、政治的対立軸の四象限を形成する。

つまりこのキッチェルトの見取図は、政治的対立軸は、従来の保守vs.左派に加えて、権威主義vs.リベラルの二つから成り立つことになる（正確にはこの四つの極に加えて、中間にある二つの立場が加わって六つの志向性があり、さらにこのマトリックスにしたがって七つのクラスタが特定されている)。九〇年代は西欧各国で、環境保護や平和運動といったテーマに加え、女性やマイノリティの自己決定権、表現の自由を是とする緑の党が躍進したこともあって、このキッチェルトの見方は、一気に説得力を増した。日本でも二〇〇〇年代前半に民主党のPR戦略を請け負った広告代理店が、有権者の属性(職業や年代)ではなく、その価値観を分析したマーケティング手法によるコミュニケーション戦略を打ち出して同党の政権交代に一役買ったように、日本でも階級や階層ではなく、文化的次元による政治は、一層訴求力を持つようになったとみることができる。

権威主義政治の台頭と「価値」の再分配

日本については、キッチェルトの見取図に先行する、注目に値する類似の議論もあった。フラナガンは、日本の一九七〇~八〇年代の衆院選での世論調査をもとに、イングルハートの図式を組みなおし、物質主義と脱物質主義の区分を認めつつ、脱物質主義の次元が「ニューレフト」と「ニューライト」に分けられると指摘した。つまり、脱物質主義的な価値が台頭し、それがさらに政治の左と右に分化するとしたのだ。

フラナガンは、日本では物質主義の程度が他国と比べて安定的で、脱物質主義と物質主義の両方の価値を持った有権者が多いことに着想を得て、イングルハートの図式に見直しを迫った。これに対してイングルハートは、日本の急速な経済発展と個人化という同時的な現象が両方の価値を混在化させたのであり、個人化についで経済発展という二段階を経て脱物質主義的価値観が優位になった西洋と異なるためだと説明している。

ここでは、リベラル的な価値と結びつくとされてきた脱物質主義が、実際には、権威主義的な次元を伴っているという視点こそが重要だ。八〇年代以降、西ヨーロッパ諸国の緑の党に代表される脱物質主義的でリバタリアン的な政治勢力の台頭に続き、九〇年代以降の西欧諸国で見られたのは、やはり脱物質主義的であっても、権威主義的で右派的な政治勢力の台頭だったからだ。

具体例をみてみよう。一九九九年に、オーストリアでは保革二大政党のいずれもが過半数を獲得できず、結果として欧州で戦後初となるナチズムを部分的に肯定する極右政党・自由党を加えた連立政権が発足した。イタリアでは九一年に結党され、同国北部の独立を訴えていた北部同盟（LN）が、その後ベルルスコーニとの連立政権入りを果たし、主張を移民規制へと切り替えていった。移民を政治的な問題と逸早く主張していたフランスの極右政党FNのルペン党首は、二〇〇二年の大統領選で決選投票に進み、その後、イスラムを西洋文明の敵とした三女マリーヌ・ルペンは二〇一二年の大統領選で保革二大政党につぐ第三極の座に収まった。オランダでは、二〇〇二年にイスラム排斥を訴えていたピム・フォルタイン党が連立政権入りを果たした。二〇〇〇年代後半には、移民規制を主張するフィンランドの真フィン人党、スウェーデン民主党、デンマーク人民党など北欧の極右政党が一〇～二〇パーセントの票を得るようになった。罪を犯した移民の国外追放を国民投票にかけたスイス国民党は、二〇〇三年から選挙での第一党となり、政権与党の一角を占めつづけた。

これら政党の主義主張は多様だが、「法と秩序」を重視しているとまとめられるように、文化や社会的価値観に関わる脱物質主義的価値感を争点としていることに特徴がある（法と秩序はトランプの決まり文句でもある）。こうした、二〇〇〇年代からの一貫してみられる脱物質主義を掲げるニューライトの台頭を、イタリアの政治学者イニャーツィや先のイングルハート＝ノリスは、行き過ぎた脱物質主義的な左派リバタリアン政治に対する反動たる「静かなる反革命」だと規定している。

これらの勢力は、戦後右翼の代名詞だったネオ・ナチやネオ・ファシスト的な政治姿勢とイデオロギーを異にし、理念的な権威主義政治を是とする。戦後の右翼といえば、ファシズムのような戦前の体制や、反共主義を掲げるのが普通であり、そこからは議会制民主主義や立憲主義を否定する傾向があった。もっとも、戦後世代が多数となり、階級政治の基盤が崩れて反共主義も冷戦崩壊で説得力を失うと、こうした「戦前的価値」に依拠する政治的主張は、説得力を持たなくなる。そして、政治では「資源の再分配」ではなく「価値の再分配」が比重を増していくようになるのだ。

第五章で詳しくみるように、先進国社会は戦後生まれの台頭をみて、リベラルな価値がそれまでと比べて大きな正当性を得るようになった。女性やさまざまな文化的・民族的マイノリティ、障がい者、児童といった、それまで周縁的（マージナル）だった存在の権利が拡充され、また自己決定権を含め、個人の自由の領域も拡張されていくことになった。

九〇年代以降、こうしたリベラルな勢力に対する反対の意識を担ったのが各国の「ニューライト」だった。彼らは、社会の個人主義化はアイデンティティを喪失させた「寂しい人びと」を生み出すだけで、自由と権利の履き違えを止めるためにも、社会の秩序と権威を取り戻さねばならず、社会の安定を保障する同質性を危機に晒す、行き過ぎたグローバル化や過度の移民受け入れは制限しなければならないという主張を展開していく。

アイデンティティ政治の拡大

リベラル・デモクラシーは、戦後の民主化によってリベラルな価値を普遍的なものとし、経済的平等の実現によってその価値を維持させたが、ニューライトは、これを反転させて戦後に完成した福祉国家や社会的平等を、ナショナリズムを通じて達成すべきと訴える点に特徴がある。これが移民排斥・受け入れ規制の言説へとつながる。ソクラテスの言った「テューモス（気概）」が人間本性の欠かせない性質だとするフランシス・フクヤマは、これを梃子《てこ》としたアイデンティティ政治が左派と右派のイデオロギーにかかわらず、あらゆる社会理解の基盤になっているという。

それゆえにポピュリズム勢力を含むこのニューライト的訴えは、労働者層の支持を集める。配分を通じて平等を達成するのではなく、文化・価値的な平等によって人びとのアイデンティティを囲い込んだうえで、経済的な平等を調達しようとするためだ。その意味では、階級がなくなったというよりは、階級を構成するものが変わったといえよう。

アメリカ共和党を例にとった場合、二〇〇五年の調査では支持者の四〇パーセントが「白人であること」を自らのアイデンティティとしているという。共和党は小さな政府、市場主義といったイデオロギーではなく、人種に基づくアイデンティティ政党化の道を歩むようになっている。

付け加えるべきは、こうした脱物質主義的なニューライトの台頭は、政治リベラリズムと経済リベラリズムの結託でもあった八〇年代の新自由主義的価値観への反動からも生まれたことだ。

詳しくは第五章に譲るが、新自由主義のことを、ここでは自由な個人と市場を基礎とする社会をめざす政治的態度としておこう。アメリカの社会学者ダニエル・ベルが観察したように、その担い手となったのは、七〇年代の左派による政治リベラリズムに幻滅した知識人やメディアだった。彼らは「個人の自由」というリベラルな価値を受け継ぎつつ、その自由を最大限発揮できる可能性を持つ場として社会ではなく、市場を選択した。

脱物質主義的価値観の上に立つニューライトは、この新自由主義への反発でもあった。なぜなら、自由な市場は共同体としての社会を破壊しエゴイスティックな個人を生み出し、さらには伝統によって培われてきた道徳的な価値を損なうことになるからだ。つまり、権威主義政治は左派、政治的リベラル、さらに新自由主義と、それぞれに対立する潮流の新たなオルタナティブとして現れたのでもある。これは戦前のコミュニズム、議会エリート、資本家階級をファシズムが攻撃した構図と類似している。

一九九〇年代以降台頭したニューライトは、二〇〇〇年代後半頃から、アメリカでは「オルタナ右翼」、フランスでは「アイデンティティ的右翼」などと呼ばれるようになった。いずれも、資本主義、これを修正する社民主義、すなわち経済成長か再分配か、資本家か労働者かを対立軸とするのではなく、個人か共同体か、多様性か同質性か、自由か秩序かなど、優れて価値的・理念的な次元で対立軸が形成されていく脱物質主義的な政治に呼応するかたちで生まれたのだ。

日本において、この種のニューライトの台頭はみられるのか。

二〇一五年頃からたびたび話題にのぼった「日本会議」は質的に同類のものとみなすことができる。一九九七年に設立されたこの組織は、神道系の政治団体「日本を守る会」と、最高裁長官だった石田和外《いしだかずと》などを中心に元号法の制定などを求めていた「日本を守る国民会議」とが合流してできたもので、安倍晋三に近い有識者や閣僚がメンバーであったり、地方議会議員に精力的な働きかけをしたりしていたことから、逸早く注視されていた。特に、首相の靖国神社訪問や韓国・中国との歴史認識問題、あるいは憲法改正案や第一次政権の際の教育基本法の改正などが日本の右傾化の証とした海外メディアが日本会議の存在に初めに着目していた。

「日本会議」の本義

この日本会議の主張には、かつての保守勢力であれば批判の矛先としていた共産主義や労働組合への論及、あるいはお馴染みの日本の核武装論や自由主義経済は盛り込まれてはいない。その「設立宣言」には、「驚くべき経済的繁栄の陰で、かつて先人が培い伝えてきた伝統文化は軽んじられ、光輝ある歴史は忘れ去られまた汚辱され、国を守り社会公共に尽くす気概は失われ、ひたすら己の保身と愉楽だけを求める風潮が社会に蔓延し、今や国家の溶解へと向いつつある」とある。そこにみられるのは、個人主義が横行していることで、日本という共同体が崩壊の危機に瀕しているという危機意識だ。行動指針「日本会議が目指すもの」には、皇室を頂点とした国家的アイデンティティを守ること、家族や宗教の軽視から脱すること、権利偏重やジェンダーフリー教育の批判など、個人を単位とするアイデンティティの否定とこれに変わる共同体意識が掲げられている。

もっとも、頑なな日本中心主義的、国家主義的な考え方が支配的かといえば、そうでもない。「目指すもの」では、「国民の政治への無関心は民主主義そのものの危機」と、民主主義の理念がきわめて参加民主主義的な口調で説かれていたり、「多様な価値や文化の共存を認め合い、各国・各民族が共に繁栄する共栄の世界の創造」と国際的なリベラリズムも唱えられていたりする（もっとも前者は公徳心の強制を、後者は各国のナショナルな文化の相互承認という保守的な価値観を内包するのだが）。

見逃してならないのはこうした主張の原動力となっているのは、やはり七〇年代以降の脱物質主義的政治の延長にあるものだということだ。その起源は、第五章でみるように一九六〇〜七〇年代に求められる。日本会議は、一九六八年の学生運動で左翼学生に対抗する神道系の右翼の学生団体を率いた人物と、彼らの支持者を母体にしている。さらに、長崎大学の学生らによる反左翼運動に、生長の家や統一協会の青年部などが合流し、全国組織へと発展した。こうした団体は当時、時代を反映して自他ともに「民族派」と称していた。日本会議メンバーで、憲法改正論者として有名な憲法学者の百地章も、学生時代を過ごした一九六〇〜七〇年代の反共運動の闘士であり、学生時代から日本国憲法改正をめざしてきたと証言している。

「ステイタス政治」の勃興――ニューライトの共通点

すなわち、「日本会議」が代表する日本のニューライトも、西洋のそれと共通する二つの特徴を持っている。ひとつは、冷戦構造が終わり、共産主義を代替するものとしてのグローバリズムやリベラリズムが仮想敵となっていることだ。西洋のニューライトも、共産主義との対峙やこれと戦った戦前のファシズム擁護と九〇年代に決別し、共同体を蝕むとされる個人主義的価値観や移民、外から流入する文化などに批判の矛先を向けた。また、西洋のニューライトの理念的な言説やアイディアが六〇〜七〇年代に新左翼とヘゲモニー闘争を繰り広げた集団や組織を源流とする点でも共通している。それだけに、ニューライトは理論武装の水準においても、かつての保守主義や右翼とはレベルを異にしている。

もうひとつの共通点は、これらがもはや「社会はいかにあるべきか」といった物質（賃金・資本）の配分を中心とした命題ではなく、「個人はどうあるべきか」といった脱物質主義的な価値観と社会観に呼応するかたちで主張を展開していることだ。

ポスト工業化社会においては、物質的な利益による結びつきを通じて、集団や組織といった共同体が形成されることは、ますます希少になってきている。企業や家庭といった共同体が社会の基盤となっているのは変わらないが、それが個人のライフスタイルや生き方を統制し、生活を保障できる余地は減っている。そうであれば、政治的なメッセージや、人を動員するための議論は、勢いそのまま共同体・権力・争点の三位一体の解体につながる、「個人」と「共同体」を焦点とせざるを得ない。それは本質的に個人を基礎に置く「リベラル」と、新たな共同体を求める権威主義的な「ニューライト」との対立軸を生む。

アメリカの政治史家ホフスタッターは、物質的な要求と目的のぶつかり合いを「インタレスト政治」と呼び、反対に社会的な正当化と個人の自己正当化のぶつかり合いを「ステイタス政治」と呼び、物質的な繁栄と安定が一定程度達成されている時に「ステイタス政治」が全面化すると予言した。

日本では、九〇年代に自民党の一党支配が崩壊して、それまでの革新が「リベラル」を錦の御旗にし、対する自民党はより保守主義的な価値観を強めてきた。これらは、改憲や原発、グローバル化の是非といった争点を浮かび上がらせるようになった。安倍自民党政権は、首相が第一次政権で掲げた「美しい国、日本」に象徴されるように、ステイタス政治をその中心に据えた。戦後の高度成長を牽引してきた党の派閥の経世会の影響力が削がれる一方、より理念的でタカ派的価値観を持つ清和会が党を主導するようになったのも、もはや自民党も利益政治に立脚できなくなったことの象徴でもある。

つまり、現代社会の対立は「持てる者」と「持たざる者」、「勝者」と「敗者」、「成長」と「再分配」といった「物質主義的価値」の次元以上に、「個人」と「共同体」、「自由」と「秩序」、「自律」と「権威」など、「脱物質主義的価値」が大きな比重を占めるようになっている。

くりかえしになるが、先進国でも物質的な豊かさや再分配をめぐる争点が消えたわけではない。社会保障をどの社会階層に提供するのか、その負担をどの層に求めるのかについては、アメリカ版の国民皆保険制度「オバマ・ケア」がそうだったように、論争の的となっている。ただ、その場合でも、こうした争点は、共同体の崩壊に伴い、かつてのように固定的な社会階層や安定的な社会集団の所与の選好(「こうあってほしい・こうしたい」という意見)の対立ではなくなっている。社会保障であれば所得の多寡だけで政策の賛成反対が決まるわけではなく、労働市場政策をめぐっては教育の程度によって支持の度合いも異なってくる。非正規雇用であっても、単純労働者として働く年収二〇〇万の労働者なのか、コンサルタント業で年収一〇〇〇万を稼ぐ自営業者なのかで選好は異なるだろうし、女性ならば会社員なのか専業主婦なのかで意見が分かれるだろう。その程度までに社会は多様化しており、それゆえに物質的な争点では、何が正解かを見出すことは難しい。これに対して脱物質主義的な価値観は、何が正しいかについて論争をする必要はない。それは、正しいと信じるか否か、アイデンティティと価値観の問題だからだ。それだけに、議論は激しくなり、社会を走る分断線はより深いものとなる。

ネット社会や行動経済学に詳しい法学者サンスティーンは、数々の社会実験の結果から、集団的な利益（インタレスト）ではなく、アイデンティティ（ステイタス）をシェアしている組織や集団ほど、敵意を煽《あお》ったり、他集団と分かり合おうとしたりしない「集団極化」が起こりやすいと指摘している。具体的な利益ではなく、意見と偏見がぶつかりあうネット空間は価値の対立が生じやすい。こうした極化に覆われた政治空間は、もはや安定を見出せない。

「リベラル・コンセンサス」の完成①——クリントン・民主党の場合

これまでニューライト台頭の実際をみてきたが、その理由を人びとの意識の変化に求めるだけでは分析としては不十分であり、その起源を特定しなければならない。それは、それまで政治を担ってきた政党という「権力」、特に左派政党の政策・思想的変化が、脱物質主義的価値観の次元の拡大によるステイタス政治の台頭を許したことに求められる。

その原点は、二〇世紀の対立軸を作り上げてきた保革政党による「リベラル・コンセンサス」の完成にある。ここでいう「リベラル・コンセンサス」とは、社民政党が経済政策において「リベラル化」し、保守政党が社会政策において「リベラル化」することと定義される。いわば、保革の二大政党が、それぞれ戦後に基調としてきた政策路線を放棄して、「リベラル」を軸に収斂していった過程である。第一章で提示した見取図を敷衍《ふえん》していえば、既成政党は個人主義や人権を是とする政治リベラリズムを強化したうえで、経済リベラリズムの復活にも手を貸して、政治的・経済的リベラリズムの両輪を駆動させるようになった。この転換こそが「ニューライト」の伸張を許すことになったのである。

以下では、アメリカ、イギリス、ドイツ、付随的にフランスとオーストリアでの「リベラル・コンセンサス」が、どのように反リベラルなニューライトを生み育てたのかを具体的に見てみたい。ここでの鍵は、この反リベラル意識を支える基盤としての労働者層にある。

アメリカではニューディール連合（労働者、黒人、知識人）、イギリスではハムステッド（文人が多く住む地区）＝ハートルプール（造船・港湾労働者の町）連合と呼ばれた、戦後に完成するリベラルな政治は、労働者を進歩的な価値によって包摂することで成り立っていた。

しかし、九〇年代以降に見られたのは、二〇世紀を先導してきたこのリベラルな政治の質的な変化であり、その結果が、第一章でみたような二〇世紀に成立していたリベラリズムと労働者による歴史的ブロックの崩壊である。

アメリカで「リベラル・コンセンサス」への橋渡しをしたのは、一九九三年に政権をとったクリントン民主党だった。ビル・クリントン大統領は、労働者や黒人層からの支持に加えて「ニュー・デモクラッツ」と呼ばれることになる中間層や無党派層、白人の支持を集めようと方針を転換する。それは、一九八〇年代の共和党のレーガン大統領時代に生まれた「レーガン・デモクラッツ（レーガンに投票した民主党支持者）」を奪還する戦略の一環でもあった。アメリカの労働組合の組織率も、製造業の衰退とともに低下しており、すでに約一〇人に一人が加入しているに過ぎない。この労働組合を支持基盤のひとつとする民主党はもともと自由貿易に反対のスタンスだったのが、リベラルな支持者の増加によって、自由貿易規制支持者は半数に過ぎなくなっていた。

クリントン民主党は、財政均衡と減税を実現して市場寄りの政策を拡充させ、さらに後のトランプ政権下で再交渉されたＮＡＦＴＡ（北米自由貿易協定）を批准、経済グローバリズムの推進役となった。もっとも経済リベラリズムへの転換だけでは、共和党との差異が測れなくなってしまう。そこで重視されたのが、フェミニズムや性的・人種的マイノリティの自己決定権の拡大といった政治リベラリズムの強化だった。なかでも、同性愛者の軍隊への入隊解禁は世間を大きく騒がした分断論争的な争点だったが、クリントンは大統領としての決断を優先させ、これの決着を図った。

こうした民主党の転換は、共和党の反応を引き出すことになる。クリントンの後を襲って二〇〇〇年に大統領に選出されたジョージ・W・ブッシュJr.は、自らの理念として「人間の顔をした保守主義」を当初掲げ、より穏健で現代的な保守主義を印象づけようとした（トランプ共和党はこの傾向を反転させた）。

大きな政府路線を打ち捨ててリベラル（市場寄り）になり、社会的に一層リベラルになっていったアメリカの民主党をみて、哲学者のローティは当時、次のように指摘している。「グローバル化は、労働者を貧困化しないようにする一国の試みが、ただ自国の労働者から雇用機会を奪うだけの結果になるような世界経済を生み出している」と。また、政治理論家のナンシー・フレイザーも同時代に、「ポスト社会主義の時代は、文化問題に向けられる過剰な関心と、基本的な社会的不公正のかたち（搾取、不平等な分配、排除）への過剰な無関心というバランスの欠如があった」と述べる。当時の民主党の選挙をつぶさに追ったジャーナリスト、エドソールは「民主党のリベラルは、人種平等を実現するための運動と、多数派有権者の支持を取りつける必要性との板挟みになりながらも、その現状を打開しようとせず、（略）真に価値のあるものを学び、守り、拡大し、またそのために自己変革をして戦う能力の多くを失ってしまった」と厳しい評価を下している。つまり、経済リベラリズムの囲い込みという左派政治の使命を棄却し、政治リベラリズムという一本足に依存するようになったのがこの時代の民主党だった。もっとも、以下でみるように、他国の左派政党もこのような変化を後から追いかけるようになった。

問題は、戦後工業社会の従来の民主党支持者たちが、このニュー・デモクラッツ路線でもって、見捨てられたと感じたことだ。そして、反移民と保護主義を掲げて「私はあなた方の声だ」と、彼らに向けて戦略的に明示的なメッセージを発したのが共和党候補としてのトランプだった。トランプ誕生を予言していたとしてあらためて注目された先の講演で、ローティは次のように労働者層の投票行動に言及した。「労組のメンバーと労組に加入していない単純労働者は自国の政府が賃金の下落を食い止めようとせず雇用の輸出を食い止めようともしていないことに気が付くだろう。（略）郊外に住むホワイトカラーが他の人びととの社会保障手当てのための課税を拒むことも知るだろう。その時点で何かが壊れるだろう。郊外に住むことのできない有権者（労働者——筆者註）は制度が破綻したと判断して投票すべき強き者を探しはじめる」。

こうして、ペンシルバニア州やオハイオ州、ミシガン州など「ラストベルト（錆びついた地帯)」と呼ばれる、戦後に製造業が栄えた地帯の白人労働者の多くがトランプを支持した。ミシガン州南東部に位置し、かつて「自動車の街」と呼ばれたデトロイトは、産業衰退や治安悪化が原因となって一九九〇年代以降、人口減を経験しているが、ここでトランプに投票したのが白人、男性、低学歴の人びとであった。

「リベラル・コンセンサス」の完成②――イギリス・ブレア労働党の場合

イギリスの左派も、一九九四年にトニー・ブレアが労働党党首になってから大きな変化を経験した。当時の労働党は、一九七九年にサッチャー保守党政権の誕生を許して以来、三回連続で総選挙に敗北するという、戦後初めての苦難のなかにあった。労働党が一八年にもわたって野党の座に甘んじたのには以下のような経緯があった。労働党は八〇年代初頭に右傾化した保守党政権に対し左傾化して競争を挑んだものの、サッチャー政権が労働組合叩きと並行して進めたインフレ体質の改善や民営化による株式市場の活性化などでイギリスの成長率が四パーセント以上となり、国民所得は一八〇パーセント増加。サッチャー政権の一五年で公的支出の水準も四八パーセントから三八パーセントにまで圧縮されて国の借金体質が改善された。

しかしその間にGDPに占める製造業の割合は一八パーセントから一五パーセントに低

下、一三〇〇万人いた労働組合員も九〇年には九〇〇万人を切った。失業率は一〇パーセント超と高止まりしたまま、貧困率は一三パーセントから二二パーセントへと拡大した。つまり、マクロ経済の回復が社会の豊かさを意味しなくなったのが、サッチャーの新自由主義が残した遺産だった。

サッチャー以前のイギリスは、一九七〇年代に流行った言葉を使えば、深刻な「イギリス病」にかかっていた。製造業が衰退し、産業を守るために財政支出をくりかえすものの競争力は回復せず、インフレによって労働者の実質賃金はあがらないままだった。それゆえ、不況下でおこなわれた一九七九年の政権交代選挙では、労働党に投票した労働者階層はすでに半数に満たず、逆に三割近くの労働者が保守党に投票した（彼らは「ワーキングクラス・トーリーズ」と呼ばれた）。

反対に一九九七年の総選挙で大勝利を収めた労働党を支持したのは、サッチャー時代の新自由主義改革でもって豊かになったこの新中間層だった。労働党はすでに基幹産業の国有化を謳った「規約第四条」の破棄に象徴される、党の「モダナイゼーション」を進めており、大会におけるブロック票制度を取りやめるなど、組合の影響力を排除しようとしていた。政権をとってからも、金融財政政策の安定を優先し、大規模な所得税減税を実現するなど、経済的にリベラル政策を貫徹していった。

こうした「オールド・レイバー」から「ニュー・レイバー」への変身は、労働党政治が拠って立っていた労働者階級そのものが縮小してしまったからでもあった。サービス産業の伸展からホワイトカラーの増加と反比例して肉体労働に従事するマニュアル・ワーカー（単純労働者）の割合は減り、逆に一九九〇年に六五パーセントだったGDPに占めるサービス部門の割合は二〇〇〇年代に入って七割超となっている。

しかも、新自由主義の波を被ったこうした労働者階級層も、個人主義的な価値観を身につけ、労組を通じた「階級闘争」より、個人の努力と勤勉を通じた社会的上昇を志向する「ウーバー化」のプロセスを経験するようになる。この時期のイギリスの意識調査をみると、労働党支持者であっても政府を通じた再分配を支持する有権者の割合は、一九八六年の六四パーセントから二〇〇五年の三九パーセントへと大幅に減っている。そして、こうした意識の変化に合わせて、それまで再分配の党と認識されていた労働党は大きく立場を変化させ、労働者以外のホワイトカラーや専門職からの支持を拡大するようになった。一九九七年の政権交代時に、この二つの層からの労働党への投票はそれぞれ一割以上増えている。そして、彼らを強固な支持基盤とすることでニュー・レイバーは、じつに三期一三年の長期政権をものにした。一九七〇年の総選挙で労働党に投票したのは労働者層一〇〇〇万人、中間層二〇〇万人だったのが、一九九七年にこの割合は八〇〇万対五五〇〇万、さ

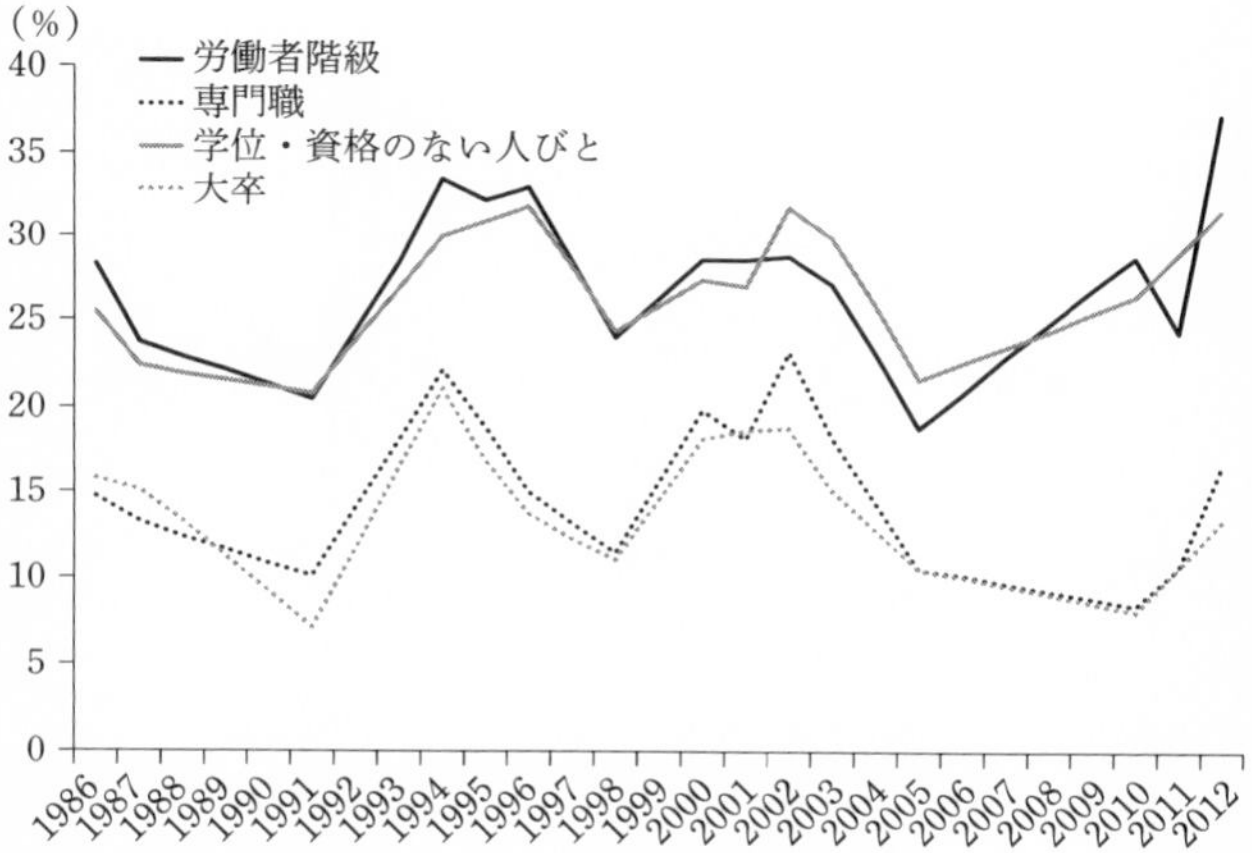

〔表8〕政治的代表性の欠落（イギリス）
出典：Robert Ford, “In Britain, Polarization could be the solution” 2015, p.130.

らに二〇一〇年には四二〇万対四四〇万へと逆転している。労働党はその名に反し、実際には中間層を代表する党となった。こうした印象からか、二〇一七年の世論調査では、トニー・ブレア元首相を右派寄りと考える有権者は三割にものぼり、反対に彼のことを左派寄りとする有権者は二二パーセントに過ぎなかった。

表8は、イギリスで「私のようなものに対して政府は耳を傾けていない」と感じる有権者の割合の推移を、社会階層別に一九八〇年代後半から二〇一〇年代前半まで並べたものだ。これをみると、階層・学歴を問わず、自分たちの政治的な代表がいないと感じる層が近年増えていることがわかる。しかし、階層別でみる

と、そう感じる人びとの割合が二〇〇〇年代から最も増えているのは労働者階級ならびに学位・資格のない人びと、すなわちニュー・レイバーによって見捨てられた人びとであることがわかる。

労働党の刷新でもって、保守党も自己の再定義に迫られた。二〇〇五年に三九歳で議員二期目に保守党党首に選出され、その後EU離脱の端緒を作ることになったデーヴィッド・キャメロンが掲げたのは「思いやりのある保守」、さらに「保守リベラル」や「大きな社会」などといった、サッチャー的、タカ派的な保守主義との差別化だった。キャメロン自身は、環境問題を重視する姿勢をみせ、国民保険サービス（NHS）の維持や同性愛者の権利擁護など、政治的にリベラルな価値を主張した。経済政策については、労働党政権時代の好景気もあって、規定路線を覆そうとはしなかった。ただこれは、今度は戦後の保守党の強固な支持基盤であった地方の伝統的保守層、さらにサッチャー時代に生まれた新自由主義支持者層の離反を招くことになった。ニュー・レイバー以前からのサッチャー政治による階級政治の瓦解は、保守党の支持基盤をも液状化させていた。これが二〇一〇年のハング・パーラメント、さらに国民投票という混乱へとつながる。

労働党による刷新が保守党の方針の再定義を促したことで、経済リベラルと政治リベラルが相乗りする「リベラル・コンセンサス」がイギリスでも生まれた。しかしこれによって、政治代表性を奪われたと感じる層が積み重なり、ニューライトのBNP（英国民党）、EU離脱を主張するUKIP（英独立党）のような反グローバリズム、移民制限、反多文化主義を掲げる党のその後の躍進を可能にすることになる。UKIP支持者の中核は、低学歴で中高年、石炭産業で栄えたヨークシャー州や東部の有権者だ。

キャメロン保守党の崩落を招いたのは二〇一六年六月のEU離脱を問う国民投票だった。保守党は二〇一五年の総選挙で勝利したものの、ユーロ危機以降の緊縮財政もあり、この時の得票率は四〇パーセントに届かず、イングランド地域以外での地盤沈下が著しかった。ここでキャメロンは起死回生策にかける。ユーロ圏のガバナンス改革や移民制限、主権回復など、四項目のEUの権限の留保を二〇一五年末に勝ち得たキャメロンは、そのまま公約にあった国民投票の実施、さらに自らは「残留」を支持するとした。国民投票でもって国内・党内の反EU派・反リベラル派・反グローバル派に睨みをきかせつつ、EUに対して強硬な態度でもって譲歩を引き出し、「残留」へと導くことで自らの政治的求心力を高める——こうした民意をもてあそぶ自作自演のシナリオは、国民投票でじつに五二パーセントが「離脱」を選択したことで、脆くも崩れ去った。

二〇一〇年以降の緊縮政策は、付加価値税の引き上げや税控除の見直しなどによって、所得の上位一〇パーセントの富裕層と下位半分の層が最もダメージを受けたとされる。三〇代から五〇代の働き盛りの世代の賃金減少も大きく、ＥＵ離脱はキャメロン政権に対する批判に支えられた部分もある。二〇二〇年に、長引く離脱交渉に幕を引いたのは保守党ボリス・ジョンソン首相だったが、二〇一九年末の総選挙で政治的にも経済的にも反リベラル的なスタンスをとった保守党はかくして、いずれも労働党を上回る、熟練労働者層の半数、下層中間階級の四割以上から票を得て大勝した。工業社会の弱者、グローバル経済の敗者がニューライト的な政治を支持するのは、イギリスも同じなのだ。

「リベラル・コンセンサス」の完成③——ドイツ・シュレーダー政権の場合

社民政党の経済リベラル化は、ドイツでもみられた。一九八二年からじつに二〇年近くも政権の座にあったコールＣＤＵ／ＣＳＵ（キリスト教民主同盟とキリスト教社会同盟の統一会派）保守政権を九八年に破ったのは、シュレーダーを擁立するＳＰＤ（ドイツ社会民主党）だった。緑の党との連立政権となったシュレーダー政権の経済政策の目玉は、いまでも続くドイツ一強経済を作り上げた基礎とされる「ハルツ改革」だった。同改革は、首相顧問でフォルクスワーゲン社役員だったペーター・ハルツの名に由来し、手厚い労働者保護で知られるドイツの労働市場の柔軟化を目的に、失業保険の受給期間の短縮、生活保護と失業保険の統合、派遣労働や非正規雇用の拡大、解雇規制の緩和などからなる一大改革だった。

市場寄りの改革を進めた一方、社会政策で一層リベラル化していった点も、クリントン民主党と同じだった。政治的にリベラルな緑の党との連立だったこともあって、シュレーダー政権のもとでは、同性愛者の市民権や移民の帰化条件の緩和などが認められた。

社民のリベラル化を受けた保守の政治リベラル化という「リベラル・コンセンサス」は、CDUのポジション変化によってドイツでも完成した。二〇〇五年からのメルケル政権は福島第一原発事故を受けて脱原発を決め、二〇一五年からは中東・北アフリカ地域からの難民を率先して受け入れてドイツの「歓迎の文化（wilkommen kultur）」を強調し、その後、同性愛合法化にも踏み切った。

より知られていないのは、CDUが伝統的に重視してきた徴兵制が二〇一一年に廃止されたことだ。ドイツの徴兵制は良心的兵役拒否も広く認める比較的緩いものだったが、一年超に及ぶ兵役はメルケル政権のもとで半年に短縮され、最後まで反対していた姉妹政党のCSUを説得して、廃止された。また二〇一四年には、ドイツの市民権を持たない親の子どもの二重国籍を認める市民権についての新しい法律なども成立させている。

このほかにも、正規雇用者の労働を通じた社会保障制度を持つドイツでは、少子高齢化の問題に直面（出生率は二〇一五年に約一・四程度）したことから、産休に伴う親への所得保障、児童手当、保育施設の増大・拡充など、女性の仕事と子育ての両立支援のためのさま

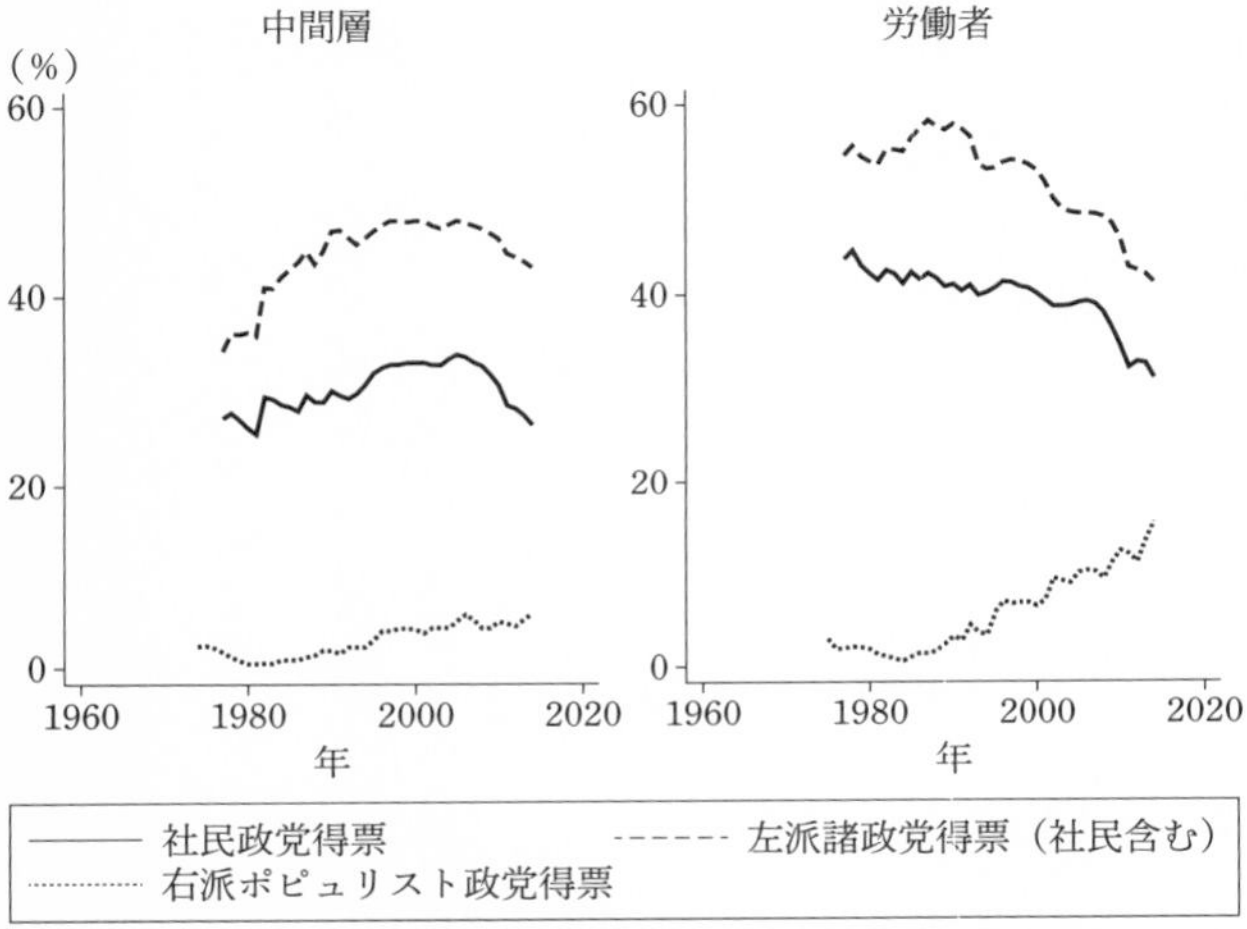

〔表9〕社民政党得票率の減少と右派ポピュリスト政党の伸張（イギリス、ドイツ）
出典：Jane Gingrich "A New Progressive Coalition? The European Left in a Time of Change" 2017

ざまな政策を打ち出した。これも、女性は家庭を守り、子育てに専念すべきという、ドイツに根強くあった保守的価値観を否定するものだ。

もっとも、こうした「リベラル・コンセンサス」醸成によって、各国の左派政党は自らの支持基盤を掘り崩していくことになった。表9は、EU一五ヵ国での社民政党が左派陣営全体でどの程度、中間層と労働者から票を得ているのかを回帰分析したものだ（一九六〇～二〇一六年）。これをみると、一九九〇年代から、社民政党の得票率が漸減していき、戦後の左派政治を支えた人びとはもはや社民政党を見限りはじめていることとがわかる。そして、その代わりに、伸びていっているのが右派ポピュリスト政党の票なのである。

イギリスの「リベラル・コンセンサス」がBNPやUKIPの台頭を許したとすれば、ドイツ社民の経済リベラル化、保守政治リベラル化でもって出現したのが、ポピュリズム政党とされる「ドイツのための選択肢（AfD）」だった。

AfDは二〇一三年に設立され、同年九月の連邦議会（下院）選挙で四・七パーセントの得票率を得た新興の政治勢力だ。ドイツの連邦議会選挙では足切りをする「五パーセント条項」があるため、議席獲得には至らなかったものの、それまで保革二大政党との連立経験を持つ自由主義政党FDP（自由民主党）と肩を並べる数字を実現した。勢いを増すAfDは翌年の欧州議会選挙で七議席を得て、その後、三つの州議会で議席を獲得した。二〇一六年九月におこなわれたメクレンブルク゠フォアポンメルン州議会選挙では、メルケル政権の難民政策が有権者に嫌われ、首相のお膝元であるにもかかわらず、最大野党SPDにつぐ第二党の座を獲得した。

約一五〇〇人の党員からスタートし、その後瞬く間に既成政党の党員を吸収していったAfDには、一九九〇年代に単一通貨ユーロの導入が憲法違反と訴える経済学者たち（シュタルバッティ、シャハトシュナイダー等）が参加していた。ここからわかるように、AfDはもともとは反ユーロを看板にする単一争点政党だった。二〇一〇年には南欧諸国の財政危機に端を発するユーロ危機が生じ、ドイツを含むユーロ圏はデフォルト危機に陥ったギリシャを含む各国の救済に追われる。その際、IMF、EUに加えてユーロ加盟各国は四四〇〇億ユーロの財政支援を逸早く決めたが、なかでも最大の負担国となったのがドイツだった。それが納税者の負担になるとして、世界に冠たる安定通貨だったマルクを捨て去って、ユーロに与したことに反対する世論の一部からAfDは支持された。

ただ、ユーロの通貨価値維持と財政規律は、保革のいずれであっても、政権担当能力を示さなければならない主流派政党にとって避けて通れない政策課題だ。それゆえ、互いに政権を争う政党同士であっても、欧州統合やEUの制度設計に関する争点は、とりわけドイツでは互いに非難したり取り上げたりすることなく「争点管理」するのが合理的となる。しかし、これは世論が主流政党に反発する要因となる。

AfDの躍進には反経済リベラルだけでなく、もうひとつの極が必要だった。それが反政治リベラルの主張である。二〇一三年ごろから、世界の注目を集めた反イスラム運動のPEGIDA（「西洋のイスラム化に反対する欧州愛国者」）が、とりわけ旧東独のドレスデンで活発におこなわれていたことからわかるように、反移民、反多文化主義の風潮がドイツ社会を覆っていたことが追い風になった。

ドレスデン工科大学が二〇一四年に調査したところによると、ＰＥＧＩＤＡの街宣に参加したのは、中流の人たちで、教育水準も高等教育修了、平均以上の所得があるサラリーマン、四〇代後半の男性が多いという。宗教は、特定の宗派に属していない人びとが約半数で、支持政党についても六割が無党派だった（最大の支持政党はＡｆＤ）。なお、参加の動機は、移民やイスラム教に反対していることが二〇パーセント、メディア批判が二〇パーセントだった。

こうした反政治リベラルの運動を受けて、二〇一五年、新たにＡｆＤの党首に選出されたのが女性実業家フラウケ・ペトリだった。彼女を中心とする新執行部は、ドイツの伝統的・旧来的な制度や価値観を掲げる新綱領を採択する。これを受けて反経済リベラルの極を代表していたＡｆＤ創設者のルッケらは離党して新党を立ち上げた。しかし、ペトリの新基軸は、失業者や工業部門の労働者へと支持を広げ、二〇一七年選挙で得票率一三パーセント（七〇九議席中九四議席）でもってＡｆＤは連邦議会入りを果たした。右派政治に強い拒否感を持つドイツ政治で、戦後生まれの極右政党が議席を得たのは初めてのことだ。

この時ＡｆＤが戦術的に狙ったのはメルケルＣＤＵが手放した反政治リベラルのポジションだった。二〇一六年の党大会では政権の方針に真っ向から挑む二重国籍制度の廃止、原子力発電所の稼動延長、徴兵制復活や難民の受け入れ停止などが謳われた。ＡｆＤという党名が、そもそもメルケルが使い、もともとはサッチャーが好んで使ったことで知られる「選択肢がない」言葉に対するアンチテーゼでもあった。

「リベラル・コンセンサス」の完成④——フランスとオーストリアの場合

保革の間での「リベラル・コンセンサス」が生まれた結果、既成政党から見放されたと感じた有権者が生まれて政治的な極化が進んだのは、九〇年代のフランスでも同じだった。フランス社会党は長い野党時代を経て一九八〇年代初頭に与党となったものの、「大きな政府」路線で失敗した経験を持つ。大統領の議会解散から九七年に棚ぼた式に与党に返り咲いた社会党政権は、過去の保守政権以上に国営企業の民営化とその株式上場に着手した。その一方、同性婚の事実上の認可や男女同数（パリテ）法など、政治リベラルの姿勢を強めた。

二〇〇二年から二〇一二年までは保守ゴーリスト政党の政権が続くが、こうした政治リベラルの方針はひきつづき継続された。二〇一七年には社会党を離れて自らの政党を立ち上げたエマニュエル・マクロンが大統領に選ばれたが、彼の政策は経済リベラルと政治リベラルの組み合わせであり、社会党の改革路線の総仕上げともいえるものだ。

この政治・経済のリベラル化に対して異議申し立てを唱える最大の勢力がＦＮだ。八〇年代に移民規制と治安重視を看板政策として掲げていたFNは、一九九〇年代半ばに労働者層で最も支持される党の地位をすでに得ていた。それはFNが排外主義を掲げるだけでなく、「リベラル・コンセンサス」に疎外感を持ち、政治・経済的な反リベラル意識を強めた労働者層の声を代弁するようになったからだ。経済的な保護を求め、移民に対する排外意識や死刑制度復活を求める意見は労働者層で突出している。

二〇一一年に父親ジャン゠マリの跡を継いで二代目党首となった三女マリーヌ・ルペンは、こうして二〇一二年の大統領選で保革二大政党の候補者につぐ第三極の地位に納まり、二〇一七年には保革候補の地盤沈下もあって、マクロンとの決選投票に進むまでになった。FNがここまで伸張できたのも、フランスの保革間で「リベラル・コンセンサス」が進み、「反経済リベラル」（従来の左派支持層）と「反政治リベラル」（従来の保守支持層）を志向する層が取り残され、そのニッチ（隙間）をFNが埋めたからだ。二〇〇〇年以降のFNの獲得票の伸びは「フランス版ラストベルト」たる、衰退する製造業が集積する同国の北東部が大部分となっている。

オーストリアでは、二〇一六年の大統領選で、折からの難民流入危機も手伝って、極右政党・自由党のノルベルト・ホーファー候補に、労働者層のじつに七二パーセントが投票した。これに対する社民SPÖが獲得した労働者票は一〇パーセントに過ぎない。オーストリア自由党は、かつては中道リベラル政党だったのが、八六年にイェルク・ハイダーが党首に就いてから右旋回し、西欧随一の極右政党へと変貌を遂げた党だ。九〇年代後半には連立政権の一角を占めたため、EU加盟各国と一時期国交関係が凍結された。その後、自由党は二〇一七年の下院選で保革二大政党につぐ第三極となり、保守の国民党と連立政権を組み、与党の一角を占めた。この時、保守の国民党が予想よりも伸び悩んだのも、同党が難民受け入れへと転回したからと言われる。

各国での右派ポピュリズムが当たり前のものとなって、EUはもはやかつてのように、制裁をちらつかせるほど余裕がない。

「複合エリート」の完成

第一章でもみた『二一世紀の資本』で世界的に有名になった経済学者ピケティは、その後政党政治の変容に関心を持ち、二〇一九年に「ブラーミン左翼vs.商業右翼」という見取図を提出した（ブラーミンとはカースト制度で学識を有する「司祭」の意味）。彼は、フランス、アメリカ、イギリスといった主要国の一九五〇年代から現在までの投票者行動を仔細に調査し、各層の投票行動が九〇年代頃から大きく変わったことを証明した。すなわち、一九五〇〜六〇年代頃までは低学歴・低所得階層が左派政党（フランスの社会党・共産党、アメリカの民主党、イギリスの労働党）、そして高学歴・資産保有層が保守政党（フランスのゴーリスト政党、アメリカの共和党、イギリスの保守党）に投票していた。それが、高学歴層が左派政党、高所得者・資産層が保守政党に投票するようになったという。これは、九〇年代に完成した既成政党の「リベラル・コンセンサス」をビッグデータでもって実証したものだ。ピケティは、こうした政党政治の変容を「複合エリート」による政治と呼ぶ。さらに、投票先と個人の宗教的・人種的属性が強く結びつくようになったのも特徴だとしているが、これは第四章でみる個人アイデンティティとしての宗教の台頭を裏づけている。

アメリカでは、一九六〇年代まで民主党に投票する有権者の大半が低学歴者だったのが、九〇年代に入ってから高学歴者層の割合が増えていき、大卒と非大卒の割合は二〇〇〇年に入って前者が半数を超えた。二〇一六年大統領選でのトランプの勝利は、共和党がかなりの割合の低学歴層の支持を獲得できたためだともいう。この保守政治の低学歴・労働者への接近は、二〇一九年の英選挙でもみられた。これまでの労働者層と左派政党との紐帯が九〇年代に断ち切られたために、「複合エリート」はポピュリズムに逆襲されているのだ。

ピケティの指摘で興味深いのは、アメリカの公民権運動やヨーロッパの学生運動が始まる六〇年代から、左派政党へと投票する移民系市民（さらには女性）が増えていっていることとだ。これに対して、白人労働者層の左派政党への投票の割合は伸び悩み、代わってアイデンティティ政治が大きな対立軸を作るようになっていった。その理由は第五章で明らかにしよう。

「反リベラル連合」の誕生

社会の脆弱な層が政治的・経済的に反リベラルへと傾斜している趨勢は海外に留まらない。社会学者の橋本健二は、調査データを用いて日本の就業者を資本家（二五四万人）、新中間階級（一二八五万人、管理職・専門職）、正規労働者（二一九二万人、一般事務職）、非正規労働者（三一九万人、パート含まず）、旧中間層（八〇六万人、自営業）と五分類し、他国のように最も格差是正に肯定的かつ排外主義的な意識を持っているのは、彼がアンダークラスと呼ぶ、非正規労働者層だという結果を示している。二〇一七年の総選挙で東京都知事の小池百合子らが結党した「希望の党」は、ベーシックインカムのような再分配策と外国人参政権反対といった排外主義的政策を組み合わせたが、これは世界的なポピュリズムの傾向と合致している。

共同体・権力・争点の三位一体の崩壊を論じるなかで、権力の変容を扱った本章を、共同体の崩壊を扱った前章の内容を踏まえつつ、まとめよう。

二〇世紀にリベラリズムとの対決を通じて作り上げられてきた社民政党と労働者層とによる歴史的ブロックは終焉を迎えた。それは、戦後の中間層の没落と相前後して一九六〇〜七〇年代に政治の対立軸が変化したこと、すなわち「富の分配」よりも、社会や文化、個人と共同体との関係をめぐる「価値の分配」へと軸足が移ったためだ。これが、権威主義的な価値観を掲げるニューライト、現在の極右ポピュリスト勢力の誕生へとつながっていく。一方で価値の分配への変化を受けた各国の社民政党は、経済政策で市場主義を是認する経済リベラリズムへと舵を切りながら、個人の自己決定権や寛容といった政治リベラリズムを前面に押し出した。他方、保守政党の側も、新自由主義の影響もあって、個人を社会の基礎的単位とする方向へと徐々に進み、ここに経済リベラリズムを抑制する「戦後コンセンサス」は「リベラル・コンセンサス」へと帰着した。工業社会の対立軸から生まれた社会民主主義は、そもそも一九世紀の経済リベラリズムの否定や修正からスタートした。その権力が経済リベラリズムを標榜すれば、そこに矛盾や軋みが生じないわけがない。

先進国の政党政治の変遷をこのように捉えたとき、「保守vs.左派」の対立軸からなっていた階級政治は瓦解し、代わってリベラリズムと反リベラリズムの対立が全面化する。階級政治のもと、社民政党によって編成されてきた労働者層は本来的に政治的にリベラルな価値を持っているわけではない。財の配分以上に価値の配分の政治が到来し、その際に政治的代表性の輪から取り残され、政治的真空におかれた人びとが生まれたことで、彼らはニューライトに動員される対象となる。「リベラル・コンセンサス」は、経済リベラルに反感を持つ労働者層と、政治リベラルに対抗的な価値を掲げるニューライトという「反リベラル連合」を生み出した。ここに「保守vs.左派」という旧来の対立軸は置き換えられることになった。

それでは、こうした新たな政治における争点は何になるのか。

第三章　歴史はなぜ人びとを分断するのか

——記憶と忘却

歴史認識問題の波及

共同体・権力・争点の三位一体の崩壊の構図のなかで、第一章は戦後に成立した共同体の、第二章は政党を中心とした権力の崩壊過程をみてきた。続く第三章と第四章では、これによってどのような争点が新たに浮上したのかをみていこう。具体的には歴史認識問題とテロの脅威である。新しい争点はもちろんこの二つに限らないが、三位一体の崩壊を示す最も象徴的なものだからだ。

まずは、メディアやネットを賑わしてきた歴史認識問題を扱おう。日本のいわゆる「自虐史観」を問題視する立場からは、日中戦争や太平洋戦争は必然だったことが喧伝され、さらに従軍慰安婦の強制連行や旧日本軍の南京大虐殺についての報道や教科書記載が指弾されるようになってから久しい。こうした歴史修正主義の動きは、韓国や中国からの反発を招き、他方でこれらの国のいわゆる「反日教育」や「反日デモ」が日本の反発を招き、和解不可能な争点へと転化している。政策的な争点が解を見つけ得るのに対し、歴史認識問題はすぐれて価値的な問題であるゆえ、解決は容易ではない。

東アジアの市民社会同士の対立は、国の首脳同士の不仲へとつながっていく。安倍晋三首相が二〇一三年末に靖国神社に参拝したこともあり、三年にわたって日中首脳会談が開催されないという異例の事態を招いた。竹島問題もあって、韓国とは二〇一四年三月まで、約三年半も首脳会談が開催されないままだった。安倍首相は二〇一八年八月の時点で首相として歴代最多の世界七六ヵ国の訪問を果たしたが、中国と韓国への単独訪問は実現することができなかった。二〇一八年に韓国の大法院（最高裁）が元徴用工への日本企業の賠償を認めたために、翌年には日本が安保問題を絡めて実質的な輸出規制をおこない、今度は韓国側が軍事情報に関する包括的保全協定（GSOMIA）更新を一旦、拒否した。歴史認識問題は、安全保障問題にまで波及するようになったのだ。

小泉純一郎元首相時代を含め、首相や閣僚の靖国参拝が問題になるのはここに太平洋戦争の戦犯、さらに日清、日露戦争の戦没者などが祀られているからだ。尖閣諸島や竹島の帰属問題など、日本と中韓両国の直接的な対立は領土問題のはずだが、こうした領土問題は原因ではなく歴史認識問題の結果に過ぎない。互いの敵愾心を煽っているのは、過去の歴史についての異なる見解なのだ。

「記憶の共同体」

講演「国民とは何か」で有名な一九世紀フランスの思想家ルナンは、「国民の本質とは、すべての個人が多くのことを共有していること」と、普仏戦争で帝政ドイツにアルザス゠ロレーヌの割譲を強いられた際に述べている。そもそも国家という共同体そのものが、さまざまな対立や分裂を内包してきたものであることは、西南戦争、アメリカの南北戦争やフランス革命を思い起こせばよい。しかし、そうした事実を忘却し、互いに共有すべき記憶を担保できるからこそ、国家は完成をみた。国民国家を指して「想像の共同体」といったのは文化人類学者ベネディクト・アンダーソンだが、これをルナン風に言い換えれば、国民国家とは「記憶の共同体」でもある。

だから共同体にとって、記憶をいかに処理するかは死活問題となる。日本が二〇一三年にサンフランシスコ講和条約を記念した「主権回復の日」の式典を開催し、自らの主権を想起させたかと思えば、翌年にロシアと中国が「ドイツ・ファシズムおよび日本軍国主義への勝利七〇周年」を記念することで合意した。二〇一五年には中国が日本を除く先進国首脳と国連事務総長を招いた「中国人民抗日戦争ならびに世界反ファシズム戦争勝利七〇周年記念行事」を開催、自らの体制の歴史的正当性をアピールしたのも、「記憶の共同体」を維持するための当然の行為であった。中国は二〇一四年、南京大虐殺、抗日戦争勝利、戦死者追悼の三つを記念日に制定している。

日本の植民地支配を受けた韓国も二〇一七年に文在寅政権が発足し、翌年に慰安婦被害者をたたえる日を制定することを決め、その後、慰安婦に関する研究所と記念館を作る計画を発表した。存命する韓国の慰安婦は二〇一七年夏の時点で三七名を数えるだけだったが、それはすでに共同体全体の記憶になっている。

日本の首相や閣僚の靖国参拝に対する中国や韓国政府による非難を「内政干渉」として退けられるのは、記憶が国境を越えないかぎりにおいてだ。しかし、記憶が本質的に時間や空間を越えるものであるかぎり、歴史認識問題という争点の性質は、それまでのものと大きく異なる。

「フェイク」なものとしての歴史

歴史は当初、国家に固有のものとして、国民の共同的な記憶や教育のために構築されてきた。歴史を記録する公文書館がフランス革命以降の国民国家形成を目的に作られ、『母を訪ねて三千里』といったイタリアの児童向けの国民的物語も、建国期のナショナリズム意識を高めるために創作されたものだった。

日本という共同体の記憶で現在、最も重要なものは「終戦記念日」だろう。ただ、戦争の終わりを記念するならば、日本の無条件降伏を求めるポツダム宣言を受諾した一九四五年の八月一四日でもよいし、連合国との平和条約が結ばれた一九五一年の九月八日でもよかったはずだ。実際、日本と戦った国々が祝う「対日戦勝記念日」は九月であるのが通例だ。多くの国の終戦記念日や休戦記念日は、講和条約の結ばれた日だ。そもそも今のように八月一五日に全国戦没者追悼式がおこなわれるようになったのは一九八二年の閣議決定を経てからのことに過ぎない。

八月一五日が日本の終戦記念日とされたのは、いうまでもなく一九四五年のこの日に、昭和天皇による玉音放送（の録音）が放送されたからだ。メディア論が専門の佐藤卓己は、この日を終戦記念日としたのは、天皇制維持を求める保守派と、敗戦を日本の民主化のきっかけとしたかった革新双方の合意が得やすかったからだと説明している。

経緯や実際はともかく、それでも、日本国民にとって終戦記念日は八月一五日であり、この日に全国各地で追悼の式典がおこなわれ、マスメディアが太平洋戦争にまつわる記憶や証言を報道し、高校球児が正午のサイレンとともに黙禱するのは、終戦記念日が人為的に歴史を創り上げ、集合的な記憶を再生産していく手段でもあるからだ。

もっとも、日本の敗戦の日は、アメリカやロシアにとっては戦勝の日であり、中国や韓国にとっては解放の日であり、日本国内だけでみても、沖縄にとっての終戦記念日の意味は本土のそれとは異なる。

つまり、歴史とは「事実」の集積というより、特定の共同体で集合的に「作られていく」ものなのだ。これは演歌や地方の方言にしても同じだ。前者は、歌謡曲やフォークソングなど欧米経由の音楽が都市で流行していくなかで、日本の前近代的な価値観や男女観を歌い上げるために商業化され、方言はＮＨＫの大河ドラマなどで歴史的人物（例えば西郷隆盛や大久保利通など）のイメージに添って使われて認知されるようになった。歴史的な文化は、時代の要請に従って再編される。

「伝統」が経済的・文化的要請から捏造されるものであることは、歴史家エリック・ホブズボームの『創られた伝統』（原題は『伝統の発明』）の解題以来、有名なテーゼとなっている。

この本では、例えばスコットランドの伝統的な作品とされる「キルトのタータンチェック」も、当時の繊維産業やマーケティングの産物だったことが論証されている。タータンチェックはスコットランドの氏族ごとに異なる柄模様があるとされたが、これは生地を市場に売りこむために作られたフィクションだったという。一六世紀のイングランド王ヘンリー八世がタータンチェックを禁止したためにスコットランド人というエスニシティがこれと結びつき、それまでアイルランド民族の一部とされてきたスコットランド民族が独自のアイデンティティとして我がものとした。

歴史とは作り上げられるもの、誤解を恐れずにいえば「フェイク」であるからこそ、それは称賛や恣意的な操作の対象となる。歴史が、捏造されるような記憶を伴わず、事実だけに基づくのであれば、それは多くの人びとに想像されたり、教訓を与えたりするようなものとはなり得ない。そもそも、歴史が言語やイメージを介するものであるかぎり、歴史的事実もまた、こうした言語やイメージと無縁なものではあり得ない（これは歴史学で「言語論的転回」と呼ばれる）。最近では、歩道で人とすれ違う際、傘を傾ける「傘かしげ」が、いわゆる「江戸しぐさ」の例として道徳の教科書に記載されたものの、それが史料からは確認できない「フェイク」だとして、問題視されたことがあった。教科書に記載するかどうかはともかく、相手を気遣うことは道徳的に善いことであるという価値観があるかぎり、怪しげな歴史的な事例を持ってきて、これを正当化しようとする誘因はなくならないだろう。

社会科学には「構築主義」と呼ばれる立場がある。これは一般的には「女性らしさ」や「〇〇人らしさ」といった文化的観念は社会的な役割のなかで構築されるものに過ぎず、本来的なものではないとする立場のことだ。しかしこの考え方は裏を返せば、どのようなアイデンティティ、あるいは「らしさ」であっても、人為的に作ることができるということをも意味する。もし歴史に本物がないのであれば、好きなものを作ろうというわけだ。こうして、歴史認識問題という新たな争点は、人びとの想像力を際限なく拡張していくようになる。

「歴史認識紛争」のはじまり

歴史認識問題が分断の種となっているのは東アジアに留まらず、多くの国や地域で観察される現象だ。歴史家グラッグのいう「時の政治（クロノポリティックス）」が当たり前となり、歴史認識問題は、歴史をどう解釈するかの文化的次元ではなく、すでに現実の政治を動かす国際的な対立的争点になっている。これまで国際政治は、安全保障や同盟関係、貿易問題を核として動いてきたのが、今やその地位に、歴史認識が加わるようになった。

終戦の記憶にせよ、演歌という伝統にせよ、それは現在の政治的要請から作り上げられていく。国際政治学の祖でもあるE・H・カーが喝破した通り、歴史とはそこにただ横たわっているものではなく、過去と現在との相互作用によって、生み出されていくものなのだ。それゆえ、カーは科学者としての歴史家の役割を重くみたのだが、後にみるように歴史家自身の歴史観もが問われるようになっている。

歴史家の橋本伸也は、エストニアで同国をナチス・ドイツから解放したソ連軍兵士の戦没を追悼するブロンズ像移転の話が、死者を出すまでの反対と賛成を巻き起こした二〇〇七年の事件などをあげて、ナチス支配とソ連赤軍による解放を経験した地域での歴史認識の対立が高まっていることを指摘している。これまで国家の枠内に留まっていた歴史認識や歴史についての記憶はグローバル化を経験し、国家それぞれの記憶を承認するための要求が高まって、国同士の争いにまで発展していっているというのが現下に広がる光景だ。

アメリカでは二〇一七年夏に、バージニア州シャーロッツビルにあるリー将軍の銅像の撤去をめぐって、撤去に反対する集団とこれへのアンティファ（反ファシズム派）カウンターデモがあり、撤去賛成派に車が突っ込み死傷者が出て、非常事態宣言が出されるまでの騒ぎになった。リー将軍は南北戦争の際の南軍の英雄だが、もともと奴隷解放に反対した南部連合は白人至上主義の象徴だ。南軍旗も南軍将校らが創始者であるＫＫＫ（クー・クラックス・クラン）をはじめとする団体が掲げてきたものだ。

この事件では当初トランプ大統領が反対派を咎めなかったことで自身が批判されたが、大統領がカウンター集団を「オルタ・レフト」と蔑んだために、論争が広がった。日本の在特会（「在日特権を許さない市民の会」）と同じように、国内の歴史認識問題はヘイトクライムやテロを呼び込む源泉となっている。

テロに加担するのは白人至上主義者たちだけではない。二〇一五年九月には、カリフォルニアの伝道所に設置されていたフニペロ・セラという神父の像にペンキがかけられ、付近の墓が荒らされるという事件が起きた。フニペロ神父は一八世紀にアメリカ西部で布教に努めたスペインの宣教師（コンキスタドール）で、先住民に対して拷問や虐殺をおこなった人物として知られている。同年九月二三日にフランシスコ教皇が彼を列聖して聖人としたことに対する抗議だったとみられている。リベラルの側も、歴史認識問題を梃子に物理的暴力を用いている。

ヘイトクライムはマジョリティによるマイノリティへの抑圧や差別意識だけによるものではない。それは個々人のアイデンティティの供給源となっている歴史への想像の違いから生まれているのだ。

極右団員による移民銃撃事件が二〇一八年に社会問題となったイタリアでは、一九四〇年にムッソリーニのファシスト政権がオリンピック招致のために建築した「イタリア文明館」をどのように処理すべきか、それを歴史的建築物として残すのか、あるいは解体すべきか、論争が続いた。

内戦の歴史を持つスペインでは、七〇年代まで独裁者の地位にあったフランコ将軍が首都マドリード郊外の巨大墓地に内戦の犠牲者とともに埋葬されているが、フランコの墓地だけを移設することを提案した時の政権の方針に対して、世論は賛成と反対に割れた。ファシズムと異なり、反共主義を貫き、経済発展を促したフランコ体制への評価は、人によってさまざまだからだ。

国家間と国家内を横断した分断

こうして歴史認識問題は、国家間と国内を横断して、縦横無尽に分断をもたらしている。日韓の慰安婦問題はまた、日本と韓国という国家間の見解の相違である以上に、国内での異なる意見の対立でもある。例えば、従軍慰安婦の強制連行の有無について朝日新聞の過去の報道に一部虚偽の証言が含まれていることや、「挺身隊」と「慰安婦」とを同一視して報道してきたことが二〇一四年に明らかになったことは、同紙の信頼を大きく傷つけた。しかし、それ以前から、従軍慰安婦の是非や強制性などについては、女性の人権という観点を含め、日本国内で論争があり、その余波を受けて朝日新聞の報道が問題視されたに過ぎない。

二〇一六年夏には、カリフォルニア州の教育委員会が、韓国の従軍慰安婦について教科書で触れるべきだとするガイドラインを採択している。これも、本来的には日本の植民地支配の問題、日韓の歴史認識問題であったところのものが、アメリカ系韓国人やその団体を経由して、アメリカの教育に持ち込まれたことを意味する。

反日教育がおこなわれているとされる中国では、日本軍のコスプレイヤーがいる。「精神日本人（精日）」と呼ばれる彼らは、「艦これ」といった日本アニメの影響から、旧日本軍の軍服を身につけ、旭日旗を掲げることを趣味とする人びとだ。中国当局は、彼らの存在に神経を尖らせ、「南京大虐殺の歴史」を持つ南京市では、コスプレを条例で禁止した。日本でもナチスの軍服によるコスプレが問題視されることもあるが、日中の若年層にとって過去の歴史は単なる「ネタ」でしかなくなっている。

このようにひとつの記憶が別の記憶を呼び覚まし、新たな対立の種となる——記憶をめぐる問題は国同士の対立となるばかりか、それぞれの国の内部で過去の歴史をめぐる和解不可能な分断線が引かれることに特徴がある。

これは、他の共同体の記憶を抜きにして自身の共同体の記憶を語ることが不可能になっていることの表れだ。記憶は互いに負のかたちで共鳴しあう。ここに、歴史認識問題という争点の根の深さがある。以下では、この記憶が紛争の争点になるまでの過程、そしてそのメカニズムをみていこう。

「想い出された」ショアの記憶——戦後世代の台頭

現代で「記憶」をめぐる問題が、最初に政治的なものとして大々的に提起されたのは「ショア（ホロコースト）」に関わる歴史に関してである。第二次世界大戦中、ナチス・ドイツやその他の国の協力のもと、数百万のユダヤ人が虐殺された事実については今でこそ広く知られている。しかし、世界でこれが記憶の問題として広まっていったのは、当事国の西ドイツにおいてですら一九六〇年代以降のことだった。戦争の凄惨さを記憶するものとしてアウシュヴィッツ強制収容所をポーランド議会が公式に認めたのは一九四七年のことだが、それは当初「ポーランド人およびその他の人びとが犠牲になったモニュメント」と認定されていた。つまり、強制収用所が解放されて二〇年近くが経って、犠牲者としてのユダヤ人にはじめて焦点が当たったのだ。

一九六〇年代になってから過去の歴史に新たな光が当たり、ショアが想い出されるようになったのは、ナチス・ドイツによる戦争犯罪に間接的、直接的に加担した戦前・戦中世代に代わって、戦争を直に経験しなかった戦後世代が登場したことによる。第五章でみるように、彼らは学生運動の担い手でもあったが、社会での発言権を得て親世代の戦争への加担を問題視するようになった。これが現代政治の大きな分岐点となっていく。韓国の文在寅大統領も戦後世代（一九五三年生まれ）だが、一九七〇年代の民主化運動に参加した経験は、戦前世代による戦後処理への不満を含め、リベラルな価値観を持ち、慰安婦・徴用工の問題に強い関心を持つ要因となっただろう。

ナチの戦争犯罪を裁いた戦争直後のニュルンベルク裁判に続いて、一九六〇年代前半には、収容所の幹部たちを被告人とする通称「アウシュヴィッツ裁判」がおこなわれている。東西冷戦の融和をめざし「東方外交」に尽力した戦後初の社民党首相ブラントが、ポーランド・ワルシャワのユダヤ人ゲットーの追悼碑の前で跪いて謝罪の意を表したのは一九七〇年のことだ。西ドイツはこの時代、戦後のポーランドとの国境線（オーデル＝ナイセ線）を画定させ、戦後処理を一段落させた。一九七九年には、ナチスの戦争犯罪についての時効が撤廃され、ショアの問題は今日にみる世界的な記憶として定着する。アウシュヴィッツという固有名詞とともにホロコーストの問題が世界で広く認識されるようになったのは一九八〇年代に入ってからだ。ワシントンにある、世界最大の「ホロコースト記念博物館」が開館されたのは九〇年代頭のことであり、国連総会によって毎年一月二七日が「ホロコースト犠牲者を想起する国際デー」と定められたのは二〇〇五年のことだ。ユダヤ人のホロコーストについての記憶ですら、歴史的な経緯とさまざまな力学のなかで、ようやく現在のような地位を得たのである。

「世界の全体性」の誕生

歴史家ホブズボームは二〇〇二年に「過去三〇年間は、歴史博物館や歴史遺産の記念の場、歴史的テーマパークや歴史ショーにとっての黄金時代であったが、同時に国や集団についての作為的な歴史が公の場で作り上げられた時代でもあった」と書いている。すなわち一九七〇年代から断続的に、戦前・戦中のファシズムに対する反省が戦後のベビーブーマーの手でもって提起され、世界の事件や戦争がライブに近いかたちで配信されるようにもなったことが歴史認識問題を加速させていった。

それは、六八年の学生運動をパリで率いたダニエル・コーン゠ベンディットの言葉を借りれば「世界の全体性」が映像や音声を通じて知覚されるようになった過程でもある。戦前の「世界の全体性」は、パスポートを持つ一部のエリートが享受するものだった。しかし、戦後になってそれが一般的になったことで、初めて世界の歴史がリアルに感じられるものとなったのである。ケネディ大統領暗殺は一九六三年のことだが、日本での最初の衛星放送がこの暗殺事件だったことは、当時の世代に強い印象を残しただろう。そして、ケネディ暗殺の前後から泥沼化したベトナム戦争では、多くの従軍記者やカメラマンによる報道が、植民地支配の反省とともに、アメリカや西ヨーロッパ、そして日本での反戦運動を盛り上げる契機ともなった。インターネット時代の今では言うまでもなく、記憶はメディアを通じて世界で共有され、歴史認識問題の種が蒔かれていく。

だから「歴史の記憶化」ともいえるこうした現象の反作用として、一九九〇年代に入って今度はユダヤ人虐殺はフェイクである、あるいはその死亡者数は過大に見積もられていると主張する、いわゆる「歴史修正主義」も珍しくなくなっていく。日本でも文藝春秋社発行の雑誌『マルコポーロ』が一九九五年二月号に「ナチ『ガス室』はなかった」と題した記事を掲載、国際的な非難を浴びて廃刊に追い込まれるという出来事があった。これも世界的な歴史修正主義の流れを反映したものだった。

冷戦終結が果たした役割――過去の記憶の掘り起こし

戦後世代が表舞台に立った一九六〇年代以降が、歴史認識問題が表面化する第一の局面だったとすれば、第二の局面は冷戦終結後の一九九〇年代前後のことだ。

例えば、ドイツは敗戦で国土の約四分の一を失い、それに伴ってポーランドをはじめとする東部地域から一〇〇〇万人以上の移住者が引き揚げ者となった。その途上での暴行や略奪で数百万人が命を落とし、さらに現地に残ったドイツ系住民に対する抑圧も続いた。このような「加害者」ではなく「被害者」としてのドイツの記憶が語られはじめたのは冷戦が終わった一九九〇年代だった。

ドイツに侵略されたフランスが、ユダヤ人虐殺への加担を公的に認めるようになるのも九〇年代のことだ。一九九五年に当時のシラク大統領はフランスの対独協力政権（ヴィシー政府）が一九四二年に一万人以上のユダヤ人を連行したこと（「ヴェル・ディヴ事件」）を謝罪したが、それまで国家元首がヴィシー政府の罪を公式に謝罪したことはなかった。

この時期には、フランスの世論をゆるがせたパポン裁判が結審している。ジロンド県の事務局長だったモーリス・パポンが四〇年代にユダヤ人検挙を主導したことを裁くこの裁判では、懲役一〇年という軽い判決が下ったため、世論の反発が広がった。パポン裁判が論争を呼んだのは、これが新たな負の歴史を呼び起こしたためでもあった。パポンが警視総監時代の一九六一年、アルジェリア独立戦争中のアルジェリア人の反政府デモへの警官隊の発砲を認めたこと（「一九六一年一〇月一七日の虐殺」）が指摘され、その後パポンが国会議員にまでなったことも糾弾された。

過去の記憶の掘り起こしは、フランスの植民地支配の記憶を呼び覚ましていくことになった。アルジェリア独立戦争時に独立派のアルジェリア民族解放戦線（ＦＬＮ）にフランス軍が虐殺や拷問をしていたことは広く知られていたが、近年では「アルキ」と呼ばれる、宗主国フランス側について戦ったアルジェリア兵への差別的待遇も問題視されるようになった。二〇万人近くいたアルキにはじゅうぶんな補償もなく、劣悪な環境下の収容所に押し込められたからだ。これに対しオランド大統領は二〇一六年に国家による責任を認めている。ある調査では、このアルキの子孫たちには、出生地アルジェリアにも、移住したフランスにも居場所を見つけられず、結果としてサラフィー主義などのイスラム過激派に傾倒する者が多いとされている。歴史的な対立から生じる個人のアイデンティティの空白は、次章でみるように、宗教的な過激主義によって埋められていく。

ポスト冷戦期の民族紛争の影響や排外主義的な言説の台頭もあり、この時代には特定民族や集団に対するヘイト行為を禁じることも定められた。フランスでは一九九〇年に通称「ゲソー法」が施行され、「人種差別、反ユダヤ主義、外国人嫌いに関するあらゆる行為」が禁止され、特定民族への差別的措置や言動が刑罰の対象となった。続けてフランス議会は二〇〇一年に通称「トビラ法」を可決、大西洋とインド洋の奴隷貿易、さらにアメリカ、カリブ海、インド洋とヨーロッパの奴隷制を「人道に対する罪」と認定し、「奴隷の記憶」を維持する行事や記念日が定められた。

冷戦が終結し、それまでの反共イデオロギーが薄れ、東側諸国が民主化したことで、過去の歴史の記憶が解き放たれていった。東西冷戦下では、東側諸国はナチスの被害者であることを共産党支配の正当性として求めたため、自国の反ユダヤ主義は封じ込められていた。さらに東西体制間の正当性を競っていた冷戦時代には、自国の体制を告発することはタブー視されてもいた。

このようなイデオロギーが後退して、歴史の記憶がせり出してきたのがポスト冷戦期の特徴だ。例えば、ユネスコ（国連教育科学文化機関）が「世界の記憶（記憶遺産）」として、歴史的に重要な人類史的な出来事についての記録を保存する制度をスタートさせたのは一九九二年のことだ。ユネスコは一九九八年に「奴隷貿易とその廃止を記念する国際デー」も定めている。これも東西の分断が終焉したからこそ可能となった事業だ。そして、この「世界の記憶」に南京大虐殺が登録されたことで、日本がユネスコ拠出金を一時凍結したように、記憶の公式化は新たな反発を呼び起こすようになる。

ちなみに、九〇年代以降の歴史認識をめぐる意識の高まりは、この時代にあいついで封切られた映画にみてとることもできる。有名なものだけでも、黒人奴隷の歴史を描いたスピルバーグ監督『アミスタッド』(一九九七年)、フランスのインドシナ支配を扱ったレジス・ヴァルニエ監督『インドシナ』(一九九二年)、ソ連のNKVD(内務人民委員部)によるポーランド人捕虜虐殺を告発するポーランドの巨匠アンジェイ・ワイダ監督の『カティンの森』(二〇〇七年)、フランス軍に従軍してナチスと戦った北アフリカ系兵士の活躍を描いたラシッド・ブシャール監督『デイズ・オブ・グローリー』(二〇〇六年)など、歴史認識問題を扱う数多くの作品が公開された。

ショアという人類史的な罪を起点に、戦後世代が主体となったことで歴史についての記憶は噴出し、さらに冷戦というイデオロギー対立が過ぎ去って、各国や各集団の記憶とその承認をめぐる対立は、歴史を遡るかたちで、ますます激しいものになっていったのである。

噴出する各国の歴史認識問題――「過去同士の争い」

政治は未来への期待ではなく、過去の想像によって駆動するようになった。未来にあり得るユートピア像を競うのではなく、過去がどうであったのか、さらにはそれがどうあるべきだったのかという、歴史家エンツォ・トラヴェルソの言葉を借りれば、「過去同士が争う」ようになっていく。これはまた、第一章でみた、共同体での未来展望のなさとも関連しているだろう。

歴史認識問題が表面化する二度の局面を経て、歴史はグローバルな政治と化した。歴史認識が国際的次元の争点となった、近年のいくつかの事例をさらに詳しくみてみよう。

オーストラリアは冒険家ジェームズ・クックに発見されたと記録されているが、二〇〇三年に当時の胡錦濤中国国家主席がオーストラリア連邦議会において、イギリスの作家メンジーズの説を借りて、中国の明王朝時代に中国人が発見したものであると演説するという一幕があった。これは中国の海洋進出の歴史的正当性を説明しようとしたからだ。中国と地域覇権を争うインドも、モディ首相がイランから東南アジアまでを勢力圏としたムガル帝国をイメージさせる「グレーター・インディア」について言及するようになった。

歴史を政治に用いるのはこうした大国だけではない。バチカン市国はスペイン内戦で殉死したキリスト教徒を列福し、それを受けるかたちでスペインでは独裁政権だったフランコ政権下の犠牲者とその遺族の補償を求める「歴史記憶法」を二〇〇七年に成立させた。

ポーランドでは、「国民記憶院」が九八年に設立され、ナチ支配の記憶を記念することになった。その後、第一章でもみた非リベラルな「法と正義の党（PiS）」政権が社会主義時代の一九五〇年代に放棄された対独賠償請求権の無効を主張し、カチンスキ首相がドイツに対する損害賠償を訴えるようになった。同政権はホロコーストにポーランド民族が加担したと公に発言することを刑事訴追の対象とする法案を二〇一八年に国会で可決している。自国の過去の恥部を隠すとともに、ナチ支配を言い訳に戦後ポーランドの歩みを正当化できるからだ。アウシュヴィッツ強制収容所の近隣にポーランド人の戦中の被害者を記念する博物館を立てる計画も進んでいる。

ドイツに対する賠償請求は、一九七〇年代に民主化を経験したギリシャも要求している。二〇一九年には、軍事政権時代に結んだ過去の補償協定を見直すべきとして、チプラス左派ポピュリスト政権、後継のミツォタキス政権も戦後補償を求めている。ウクライナ議会は二〇〇六年に、スターリン体制による自国民族への「ジェノサイド」があったことを認定した。チリのピノチェト元大統領は、反体制派弾圧の罪で同国の被害者のみならず、イギリスやスペインの司法当局から一九九八年に訴追された。ファシズム勢力の支配下にあったスロベニアやクロアチアでは、協力した自国民数万人が戦後政権を担った解放パルチザンに虐殺されたことの真相解明が進む。

アルメニア人虐殺事件――遠隔地ナショナリズム

こうした「過去同士の争い」のなかで、もっとも大きな波紋となったのは一九一五年（第一次世界大戦中）に起きたオスマン・トルコによる、少なくとも数十万人に上るとされるアルメニア人の虐殺事件だろう。少数民族でロシアからの支援を受けたアルメニア人は、トルコ軍によって強制移住のみならず、虐殺の対象となった。この虐殺は、ショアに先立つ人類史上初の計画的な民族抹消計画（ジェノサイド）として認められ、ソ連崩壊後にアルメニア共和国が樹立されたこともあって、世界に散らばるアルメニア系移民によってアピールされるようになった。アメリカ、フランス、ドイツ、ベルギーの各国議会、さらにはローマ法王もアルメニア人虐殺をジェノサイドと認めたため、国家責任を負わないとするトルコ政府と一時断交状態になる国も出た。その後のトルコのエルドアン政権下の権威主義的な統治やイスラム回帰の動きもあり、この問題は西洋諸国とトルコとの間で依然として大きな外交問題としてくすぶりつづけている。

歴史や領土を持たない集団が、自らの民族的記憶を求めるのは、カリフォルニア州の公園に従軍慰安婦の像を設置した韓国系アメリカ人の心性とも共通している。像の設置は現地の日本人や日本政府の強い反感を買った。移民はアイデンティティの根拠が希薄であるゆえに、具体的で強度あるアイデンティティを求めることは次章でも確認するが、歴史的、伝統的な集団から離れていると、よりナショナリスティックな傾向を有することもある。こうした集団や民族のあり方を、ベネディクト・アンダーソンは「遠隔地ナショナリズム」と呼んだが、グローバルに点在する集団が、アイデンティティや情報、資金を共有することで、歴史的記憶の訴求力はますます強いものになっていく。

旧西欧宗主国の支配に対する賠償請求や、反対に植民地支配を正当化する主張など、忘却に対する抵抗と記憶の承認要求というかたちをとって表れる事例は、後を絶たない。「歴史の記憶が薄れている」、「歴史認識が甘い」、「歴史の教訓に学んでいない」、「若い世代は歴史を知らない」――歴史についての知識のなさが指摘される一方で、実際には現実世界は、歴史についての記憶で溢れかえっているのだ。

では、世界各地で噴出する歴史認識という争点にどのように対処すればよいのか――そのためには特定の集団によって保持される「記憶」とはどのような性質を持つのか、そのメカニズムはどのようなものなのかを知っておく必要がある。そうすればこそ、処方箋もみえてくる。

「集合的記憶」はいかに作られるか

特定の集団が特定の記憶を持つことに初めて注目したのは、一九世紀末から二〇世紀前半にかけて活躍したフランスの社会学者モーリス・アルヴァックスだ。

アルヴァックスは、死後にまとめられた主著『集合的記憶』で、社会階級、家族、結社、労働組合といった集団は、固有の記憶を持つと主張した。

「記憶」といえば、個人が有していると考えるのが普通かもしれない。しかし、その個人の持つ記憶がどのような意味合いを持つのか、それが何を意味するのかは、その個人の属する集団や組織によって決まる、というのが、アルヴァックスが指摘したことだった。具体的な記憶は、個々人の心や、頭の中に宿っているものかもしれない。しかし、その記憶は、彼／彼女の属する集団から文脈と意味を与えられてはじめて「集合的記憶」となるのだ。

例えば、日本人の最大の集合的記憶は、冒頭でみた八月一五日の終戦記念日、あるいは、これを起点とした戦後イメージかもしれない。ただ、この集合的な記憶は、個々人の記憶と共鳴しあうことで強化される。例えば学生であれば、入学して通った学校の場所や歴史などに基づいて集合的記憶が再構成される。入学式のとき、仲間と部活動をしたとき、好きな相手に告白したとき、教師に叱られたとき、いじめにあったとき――個人的な記憶は、自分以外の存在や自らが所属した集団とともに、思い出されるのである。

その反対に、もし人間がただ一人だけの閉じた空間に押し込められたら、何らかの記憶を持つのは難しいものとなるだろう。アルヴァックスは別の箇所で、集合的記憶に対置されるのは個人の「夢」だとしている。なぜなら、夢は他人や集団を介在させず、持続性や規則性を持たないからだ。対する集合的記憶は、体系的で明確な意味を持つゆえ記憶として機能する。

次章でみることになる、二〇一二年にフランスでユダヤ人小学生と軍人を殺害したテロ犯のモハメッド・メラは、三月一八日に犯行に及んでいるが、これはフランスがアルジェリアと停戦協定（一九六二年のエヴィアン協定）を結んだ日だった。人質をとって警察に射殺された今となっては、彼の真意がどこにあったのかは不明だが、このように自らの行為に歴史的な意味を与えて、テロ行為を集合的な記憶の一部にしようとしたのかもしれない。

ただ、アルヴァックスは、人が人としての尊厳や承認を得るためには、見知らぬ人びとの協力や協働が不可欠だとした。人は何かの役に立つことで、他人から認められ、自分に誇りを持つことができるためだ。そして、集合的記憶はこの個人と個人との間のつながりや絆を提供するもの、共有できる物語として機能する。醸成される人びとの結びつきは、共有される記憶や体験によって強まっていくことでさらに強化され、それが今度は自分がどのような世界に生きているのかについて意味を与え、個人は自尊心（自己愛）を得ることになるわけだ。個人が主張し、担うだけの「ウーバー化」した歴史は、歴史としての役割を果たせないのだ。

「記憶」と「歴史」の境目

アルヴァックスは歴史認識問題にも通じる「歴史的記憶」にも言及している。

彼によれば、歴史的記憶とは、国や集団など、その共同体に固有とされる儀式や遺物によって作られ、未来へと向かって手渡される「ひとまとまりの記憶」だという。集合的記憶が社会の自律性に依存しているのに対し、歴史的記憶は国家と関係の深い集団に属するため、その性質を異にしている。

歴史的記憶は、空間と時間の制約を取り払うような集団によって維持され、個人の記憶はこの集団を通じて、再生産されていくことに特徴がある。彼は「人びとは通常、社会を通じて記憶を獲得する。記憶は社会を通じて呼び起こされ、認識され、位置づけられる」という。

ただ、いずれにしても、記憶は現在とともにある。アルヴァックスは、記憶は現在の集団や社会で大事とされる信条や利益、意識の反映であるため、捏造される可能性が高いと指摘する。集合的記憶は、過去の記憶をただ単に現在に反映したものではない。現在を起点に、過去に共有されていたはずのものが記憶として再構成されていくものなのだ。

ちなみに、歴史的記憶に対置されるのは、自分だけに関わる記憶である「自伝的記憶」だ。これは、卒業や結婚などの個人のライフイヴェントなどで、個人にとって大きな意味を持つものの、そのイヴェントを構成したものがなくなると同時に記憶が薄れていくようなものを指す。結婚した相手、結婚式に来てくれた人、生まれた子どもがいなくなれば、その記憶自体が薄れていく。この自伝的記憶は個人に留まる「短期記憶」のようなものであるとすれば、歴史的記憶はいわば個人を超えて長く覚えられる「長期記憶」といえるだろう。

こう考えると、集合的記憶は「神話化」というプロセスと容易に結びつくことが理解できる。その記憶が神話化される時、記憶は歴史と化す。

それゆえ「記憶」と「歴史」の境目はかなり曖昧だ。歴史家のフランシス・イェーツは、歴史という概念は、古代ローマの政治家キケロが先鞭をつけた古代ギリシャにおける「記憶術（mnemotechnics）」を起源にしているという。記憶術は、特定の場所と特定のイメージを結びつける技術のことであり、その意味で人の想像力の喚起とセットになっている。例えば、ルネッサンス期が明るいイメージで語られるようになったのは、活版印刷によって情報が広く流通するようになってからのことだが、それは人びとが個別に持っていた「自然的記憶」ではなく、記憶を強化し伝えることで作られる「人為的記憶」によって流布されたからだとする。過去についての知識は正確であること以上に、それがポジティヴなイメージであるかどうかに左右される。そして、ツイッターのタイムラインのごとく、それが人びとにポジティヴに感じられるほど共有され、その歴史は歴史としての意味を増していくことになる。第一章でみたように、かつては戦後の勝ち組だった中間層が没落していくなかで、過去を美化するポピュリズム政治に惹かれるのは、この同じメカニズムが作用しているからだ。

記憶はいかに歴史になるのか

こうした説明に違和感がないわけではない。本来、歴史とは揺るぎのない事実の集積に基づいた客観的なものであるべきであり、過去の厳然たる事実に基づかなければ、すべてはフェイクと化すことになるからだ。

たしかに、「記憶」とは個人や集団の勝手な思い込みからなる主観的なもので、反対に「歴史」とは客観性や普遍性を備えているものと主張できるだろう。実際、歴史家である入江昭は、国家や宗教などによって強制された歴史ではなく、自発的な史料の発掘を通して事実を明らかにし、どの国の学者が見ても同じ過去にみえることこそが歴史の名に値するのだと強調する。これはオーセンティックな歴史の定義でもある。近年の歴史学では、各国ごとに描かれてきた個別的な歴史ではなく、地域や国同士の交流がどのように成り立ち、国家形成にどのような影響を与えてきたのかを研究する「グローバル・ヒストリー」の試みも盛んになってきている。これは、国民国家の自律性を自明視せず、それらが他国・他地域との経済や文化などの相互作用から成り立ってきたことを重視するものだ。例えば、イギリスの産業革命は同国の紡績産業の勃興や蒸気エンジンの発明と無縁ではないものの、一方では莫大な資源を収穫するイギリス帝国の存在、それを支えた奴隷貿易があったからこそ成り立った、といった歴史の解釈である。

しかし、歴史家の描く歴史とて、主観性と無縁ではない。入江は他方で、歴史理解に絶対的な正しい答えというものはないともしている。これは、先にみたE・H・カーがその『歴史とは何か』で、事実の有無についての客観性は存在し得ても、それが現在にとってどのような意味を持っているのか、そしてその意味をどう位置づけるべきかといった問いに答えるには、主観的な解釈の余地が絶対的に残るとしたことと同じだ。南京で虐殺があったこと、従軍慰安婦が存在したこと、あるいは原爆が落とされたこと自体は疑いようがない。しかし、それぞれが「大虐殺」だったのか、人道上の問題はなかったのか、終戦を早める効果を持ったのかを判断するには、現在からのさまざまな価値判断が求められる。だから、歴史認識が論争となるなかでは、つぎつぎとそれぞれの主張に都合のよい証拠が「史実」として提出されることになる。

だから、問われるべきは、その歴史的事実をどう記憶したらよいのか、なぜ、どのように記憶すべきか、なのだ。

史料や手記などの歴史文書を正確に写し取れば、それで歴史ができあがるわけではない。過去は単に事実の集積に過ぎず、それに文脈が付されて、はじめて歴史となるからだ。それゆえ、記憶がいかにして集合的記憶となり、歴史となったのか、そのこと自体を解明する必要性が出てくる。

歴史はただ「そこにある」ものではない

ここから、歴史がどのように成り立ってきたのかを問う「歴史についての歴史」（歴史家ジャック・ル・ゴフ）という領域が浮上してくることになる。これは、歴史学が集合的記憶の一端を担ってきたことを認めたうえで、それがどのように作り上げられてきたのかについての、いわば歴史学による自己分析の試みだ。

集団的な出来事や記憶から、歴史がいかに書かれてきたのかを問題意識とする「記憶」研究の代表作は、フランスの歴史家ピエール・ノラが一九八〇年代から九〇年代にかけて編んだ書、『記憶の場』だ。七巻にもわたるこの歴史研究(邦訳は部分)では、フランス革命や三色旗といった国家のシンボル、パリの凱旋門やラスコーの壁画、ランス大聖堂などの建築物、さらに自転車のツール・ド・フランスといった国民的行事を取り上げ、フランス国家と国民の集合的記憶がいかに表象・イメージされてきたのかを記述することで、歴史として書かれたものが、人びとの記憶とどのように結びついてきたかが検討されている。

従来の歴史学であれば、フランス革命がどのように起きて、どのような結果をもたらしたかを丹念に調べ、説明しただろう。対して「記憶」研究では、このフランス革命がいかに捉えられ、後世に語られてきたかの説明に重点が置かれている。フランス革命は、多くの教科書で重要な出来事として記載されているが、それは絶対王政を倒し、人権宣言を謳い、その後世界中に革命を輸出する端緒となった事件だからではなく、一九世紀の歴史家ミシュレ『フランス革命史』などをはじめとして、ポジティヴな革命史として伝えられてきたからだ。歴史が単にどうであったかではなく、記憶がいかにして、良くも悪くも「捏造」されてきたのかを、反省的に捉え、叙述しようとしたのが『記憶の場』の試みだった。

それゆえノラは、歴史とは「検証された記憶のこと」だと定義する。歴史が能動的に作られ、創造された記憶ならば、現代のように歴史認識にまつわる紛争がグローバルに全面化している状況にあっては、その主張の根拠となる記憶そのものを論じなければ、歴史認識問題は解決しない。いわば、記憶に囚われてしまった歴史を、今度は歴史によって記憶を捉えて相対化しなければならない。それは、無色透明な客観的事実でなければ歴史に値しないと考える立場を退けたうえで、歴史がそもそもどのようにして成り立ってきたのかを集合的記憶と関連づけて明らかにする作業でもある。

歴史はただ「そこにある」ものではなく、常に作られ、生産されていく――アルヴァックスからノラに至るまでのこうした記憶からスタートする歴史は、今の歴史認識をめぐる対立と緊張を緩和するヒントも与えてくれる。すなわち、記憶に基づく歴史は客観ではなく、主観的なものとして認めることで、歴史認識問題は解決され得る。その意味を解題してみよう。

「ヴィシー症候群」

歴史家のトニー・ジャットは、歴史についての記憶が持つ二面性を、戦後ヨーロッパの経験から紐解く。

冒頭で指摘したように、ナチス・ドイツによるユダヤ人虐殺や強制収容所の存在が広く知られるようになったのは、比較的最近のことだ。自身もユダヤ系であるジャットはその理由を、ドイツだけでなく、対独協力政権を許したフランスや、ナチス侵略の後に共産党支配を経験したポーランドといった東欧諸国が、彼らもまたユダヤ人を迫害した経験と歴史を持っていたからだとする。そもそも、ナチス・ドイツは、戦前からの反ユダヤ主義を政治的に利用したのであり、その専売特許を持っていたわけではない。それゆえ、戦前世代と断絶した意識を持つ戦後生まれが社会の表舞台に立つようになった一九六〇年代以降に、ホロコーストの問題が大きく取り上げられるようになったことは、先にみた通りだ。

人は一般的に加害者であることよりも、被害者であることを優先したがる。戦中に民衆が受けた苦しみと屈辱の記憶をすべてナチスに責任を負わせることで、自らがユダヤ人を加害した記憶を忘却することができたのだ。東欧諸国では共産党支配を正当化するため、反ファシズム、反ナチスが政治的に利用された。アウシュヴィッツでさえ、当初はユダヤ人ではなく、東欧各国の市民が抹殺された場所として記念されていたのだ。自分たちが被害者であるという、心理的負担の少ない記憶だけを留め、加害者であったことを忘却する態度のことを、ジャットはフランスの対独協力政権の名を借りて「ヴィシー症候群」と呼ぶ。

だから、ジャットは「ある程度の放念、さらには忘却」が、戦後ヨーロッパの平和のために必要だったと主張している。なぜなら、歴史認識という争点は主観的なものであるゆえ、必然的に人と人とを分断するものであり、そこで歴史認識のベースとなる記憶を確かなものにしようとすればするほど、記憶を共有しない他人との距離が開くことになるからだ。主観的な記憶を白黒はっきりさせるのではなく、記憶についての主観的な忘却があったからこそ、戦後のヨーロッパは和解し、ヨーロッパ統合という新たな神話を作ることができたというのが彼の診断だった。

イシグロ『忘れられた巨人』が意味するもの

この記憶が持つ分断の機能、さらにそれゆえの忘却を要するという、記憶の持つ二面性を物語として展開したのはノーベル賞作家、カズオ・イシグロだ。

代表作となった『忘れられた巨人』のストーリーはこうだ。アーサー王の統治が終わりを迎えた中世イギリスで、ある老夫婦は姿を消した息子を探す旅に出る。この地はブリトン人とサクソン人との間で、血で血を洗う戦争が続いた場所であり、ここから雌竜「クリエグ」が吐く息が霧となって、人びとが抱く憎しみや悲しみ、そして喜びの記憶が抑圧されていた。そのため老夫婦は、なぜ息子がいなくなったかも思い出せない。だから息子を探すことは、記憶を取り戻す旅に出ることでもあった。

老夫婦は、旅の途中で勇敢な騎士ウィスタンに出会い、彼はクリエグ退治に成功する。しかし、それは世界が記憶に基づく憎しみに覆われる時代の幕開けを予言するものとなった――イシグロは時代の先鋭的な問題を作品に巧みに取り込むのを得意とする作家だが、彼は『忘れられた巨人』は「社会が何をどのように覚え、何をどう忘れているか」についての寓話だと解説している。

この物語は、歴史に対して私たちがどのような態度をとるべきか、大きな問いを投げかけている。たしかに、竜が吐く霧によって私たちは自分たちで何を考えてきたのか、なぜここにいるのかということについて、ぼんやりとしか考えることができない。それは、イシグロが描くがごとく、個人であっても、民族であっても同じことだ。

この霧は、クリエグを殺したウィスタンが明かしたように、嘘と妥協の産物だった。だから、その霧が晴れれば、過去のすべてが明らかになり、かつて愛した者に裏切られたこと、戦争で死ぬ者こそ勇士とされていた時代のことが思い出されてしまう。「嘘と妥協」が許されない時、代わりに頭をもたげるのは「正義と復讐」でしかなくなる。騎士ウィスタンはいう。

かつて地中に葬られ、忘れられていた巨人が動き出します。（略）そのとき、二つの民族の間に結ばれた友好の絆など、娘らが小さな花の茎で作る結び目ほどの強さもありません。男たちは夜間に隣人の家を焼き、夜明けに木から子供を吊るすでしょう。川は、何日も流れ下って膨らんだ死体とその悪臭であふれます。

歴史についての正確な記憶は個人や集団を和解ではなく、対立へと導く。しかし、対立をもたらす記憶など、歴史に値するのか。記憶ではなく忘却こそが和解の鍵となる可能性があるのではないか。記憶は、忘却に沈んでいた方が平和と和解をもたらすのではないのか——イシグロの『忘れられた巨人』が問いかけるのも、歴史が抱えざるを得ない、記憶と忘却という二律背反である。

先に引用したルナンも、「忘却」や「歴史的錯誤」が国民を統合するためには必要と説くことを忘れなかった。他人の罪を忘れ、自分のそれを忘れることが、和解と調和のために大事なのであれば、共同体同士の関係においても同じでないはずがない。

他人と共有できる「公正な記憶」——リクール

世界でくりかえし起こる歴史認識問題という争点は、私たちが自らの記憶を忘却することでしか、解決しないのだろうか。反対に、ドイツのワイツゼッカー大統領がかつていったように、過去に目をつぶれば現在の立ち位置を見失うことになるのではないか。忘却は、自らの被害を忘れることになるかもしれないが、それは自らが加えた害についても忘れるということでもあるからだ。

記憶に留めるのでもなく、忘却するのでもなく、歴史に対して私たちはどのように振舞えばよいのか――そのあり方について、哲学者ポール・リクールは「公正」であることの必要性を説いている。

リクールは『記憶の場』の試みのような、記憶による歴史の代弁に疑問を挟みつつ、歴史とは未来を生み出していくための「埋葬行為」のことだと定義している。つまり、歴史は過去のものでも、今のものでもなく、未来をより良くしていくために用いられなければならないのである。彼もまた、歴史と記憶は切り離せないとする。記憶のない歴史は歴史に値しないし、歴史なき記憶は記憶として意味をなさない。記憶とはあらゆる審判を拒む「信念」のことだからだ。

しかし、とリクールは続ける。「共同体の記憶が、他の共同体の苦しみに対して目をつむり、耳を貸さなくなるほどに自分自身の苦しみに退き、閉じこもるとき」、歴史は歴史であることを止めてしまう、と。

これはアルヴァックスがいったこととも類似している。先にみたように、元来、集合的記憶とは共同体に生きる人間の尊厳を獲得するために欠かせないものであり、他人との協働や協力を可能にするための資源として機能する。その反対に、他の共同体と共有できず、他人を傷つけるような記憶は、歴史へと昇格するのに値しないというのが、リクールの立場だ。独り善がりの記憶ではなく、他人と共有できるような「公正な記憶」こそが「幸福な記憶」なのだ。記憶に公正であることを求めるのを忘れたとき、それはもはや共同体同士が共有可能な歴史を失い、細切れで、場当たり的で、短命な記憶のなかにしか生きることが許されないということになるからだ。それは、記憶をなくすことと同義である。

もちろん、それぞれの国や集団に固有の記憶は否定されるべきではない。しかし、その記憶が他者の記憶を犠牲にして成り立つものであるならば、それは否定されなければならない。そもそも、アルヴァックスがいったように、記憶が他人の存在を前提にしなければ成り立たないものならば、リクールのいう「閉じこもった記憶」は、記憶の名に値しない。それは「夢」でしかないだろう。そして「夢」はいつの日か覚めることを運命づけられている。

イシグロの『忘れられた巨人』で、老夫はこう懇願する。

クリエグが死んで霧が晴れ、記憶が戻ってきたとする。戻ってくる記憶には、おまえをがっかりさせるものもあるかもしれない。わたしの悪行を思い出して、わたしを見る目が変わるかもしれない。それでもこれを約束してほしい。いまこの瞬間におまえの心にあるわたしへの思いを忘れないでほしい。だってな、せっかく記憶が戻ってきても、いまある記憶がそのために押しのけられてしまうんじゃ、霧から記憶を取り戻す意味がないと思う。

記憶が取り戻されるのであれば、それはあくまでも可能なかぎり多くの共同体が幸福であるためなのだ。ゼロサムの記憶は、歴史とはなり得ないことを弁《わきま》えるべきだろう。過去の歴史がこうであったはずという認識は往々にして、未来を固定的に想像することになる。過去はこうであったから、未来はこうであるべきだ、とする思考だ。しかし、それでは本来的には現在を異なるものへと切り拓く可能性を持つ未来のあり様を、狭めてしまうことになるだろう。過去から離れ、自由な未来を作るための歴史はこの時点で、すでに手放されていることになる。

忘れずに赦す

日韓に横たわる歴史認識として常に蒸し返されてきたのが、解決をみない従軍慰安婦の問題だ。

一九九三年に慰安婦連行に官憲等が関与したことを認めた河野談話が出され、一九九五年に村山内閣のもとでアジア女性基金が発足しても、問題は解決に向かわなかった。二〇年が経ち、慰安婦問題解決のための日韓合意がようやく実現したものの、これも韓国の文政権によって一方的に破棄され、問題はふたたび暗礁に乗り上げた。

この日韓合意の条件のひとつとして、日本政府は日本大使館前にある慰安婦像の撤去を求めた。しかし釜山の日本領事館前に慰安婦少女の像がその後設置されたため、二〇一七年に日本政府は在韓大使を一時召還するなど、態度を硬化させた。二〇一九年八月には芸術祭「あいちトリエンナーレ」での「表現の不自由展・その後」で展示された少女慰安婦像が市民の反感を買い、展覧会が一旦中止に追い込まれるまでになった。

ただ、慰安婦像はこの二ヵ所だけにあるわけではなく、世界に二〇体ほどが設置されている。従軍慰安婦をユネスコの「世界の記憶」として登録をめざす動きも二〇一七年にあったが、それが将来、認められれば、ふたたび日韓の鞘当てになるのは火を見るより明らかだ。

すでに触れたように、慰安婦像はアメリカでも問題となっているが、じつはソウルの日本大使館前に置かれ、表現の不自由展でも展示された少女像の彫刻作家（キム・ソギョンとキム・ウンソン）は、ベトナム戦争時代の韓国軍によるベトナム民間人虐殺を謝罪するための母子像も作成し、ベトナムと韓国両国に設置を求める運動をしていることはあまり知られていない。

韓国は一九六五年から、時の朴正熙政権のアメリカとの蜜月もあって、ベトナムに本格派兵を始めたが、その際、現地で一万人以上の民間人を尋問や拷問で殺害したとされる。ベトナムの農村には、韓国軍によるこの時の虐殺を記憶に留めるための「憎悪碑」が五〇以上存在するという。

韓国のベトナム戦争での加害は、韓国にとっての歴史認識問題でありつづけている。一九九八年、金大中大統領がベトナムに謝罪の意を表明したが、これは国内の保守派から強い非難を浴びた。いわば、日本の韓国との歴史認識問題と同じ構図が、韓国とベトナムとの間で再現されているのである。

キム夫妻の彫刻は――それが韓国の慰安婦像であれ、ベトナムの母子像であれ――、国を超えて、被害者としての記憶を留めるために作られたものだ。

ともに被害者であり、加害者であるということを確認することで和解をうながす行為は、イスラム教徒とユダヤ教徒の間でもみられる。EU離脱のイギリスや、トランプ大統領が選出されてからのアメリカの両国でヘイトクライムが増大していることは次章で確認するが、二〇一七年二月にアメリカのムスリム二名が、何者かが破壊したセントルイスのユダヤ教墓地修復のためにクラウドファンディングを呼びかけ、一六万ドル以上を集めた。同月末には、フロリダ州で焼き討ちにあったモスクを建て直すための募金が呼びかけられたところ、今度はユダヤ系市民を中心に目標額を大きく上回る六万ドル以上が集まったという。

トランプ政権は、二〇一八年五月一四日に在イスラエル大使館をエルサレムに移転した。それまで米議会の確認事項に過ぎなかったことの履行を宣言して、親イスラエルと反アラブの姿勢を強めた。しかし、このような態度は、歴史に起因する問題の負の連鎖反応を拡大させることにしかならない。相手の罪を忘却するとともに、自らの罪についても忘却するという、歴史認識についての和解の作法が編み出されなければならない。それは、相手を赦すことが自らを赦すことになること、すなわち、自らの記憶で他人の記憶を塗りつぶさない構造を作るためだ。

記憶をめぐる問題はこれからも強度を増していき、世界の歴史認識をめぐる争点は内外で増えていくだろう。それは国家という共同体の土台にのる政治にとって、記憶を作りあげていくことが共同体の正当性を証明することになるからだ。しかし、その安易な道を突き進んでいけばいくほどに、私たちは他者と共有するものを喪失し、自らの存在理由がわからなくなるという隘路に陥ることに耐えなければならない。

第四章　「ウーバー化」するテロリズム
――移民問題とヘイトクライム

「ホームグロウン・テロ」

「アッラー・アクバル（神は偉大なり）！」――テロリストの発するこの言葉を、報道で何度目にしたことだろうか。その一方では、オルタナ右翼や白人至上主義者、ネオ・ナチなどによるテロ同然のヘイトクライムも増加しつづけている。そしてこの二つは相互に通底しているのだ。この章では、歴史認識問題に続く共同体・権力・争点の三位一体崩壊後の新たな争点として、近年のテロの特徴と、その原因を探っていこう。

二〇一四年一二月、フランス南部ツール市の警察署に二〇歳の若者が神は偉大なりと叫んでナイフを持って乗り込み、その場で警察官に射殺された。二〇一五年四月には、今度はボスニア・ヘルツェゴヴィナのズブロニクの警察署に警官を狙って銃を乱射した男がこの言葉を叫んだ。二〇一六年一月には、パリで交番の警官にナイフで襲いかかった男が同じように叫んだのが目撃されている。テロリストがこの言葉を叫んで警官や一般市民に襲いかかったという情報は、ベルギーでも、ドイツでも、アメリカでも、あるいはアフガニスタンやパキスタンでも、世界をかけめぐっている。

先進国で起きたテロに限っていえば、二〇一五年一月のフランスの諷刺雑誌『シャルリー・エブド』編集部襲撃事件、同年一一月に一三〇人の死者を出したパリ同時多発テロ、あるいは二〇一七年五月にイギリス・マンチェスターのコンサートで二〇人以上の死者を出した自爆テロなどが思い出されるかもしれない。二〇一五年から二〇一七年までの間だけでも、パリ、ブリュッセル、ニース、ミュンヘン、ベルリン、ロンドン、ストックホルムの各地でテロが起こっている。さらに小規模なものを含めれば、その数は四〇件近くにも及ぶ。その他の未遂事件、当局によって事前に防止されたテロなどを含めれば、この間だけでも一〇〇件以上ものテロがあったとされている。カナダやオーストラリアといった比較的治安の良いと思われている国でも、イスラム原理主義に感化されたと推定される自国市民によるテロが起きている。

二〇〇〇年代は、アルカーイダによる二〇〇一年のアメリカの同時多発テロ（9・11）で幕を開けた。この事件をきっかけに対テロ戦争が実行され、さらにアラブの春で中東地域の秩序が流動化すると、テロの主体としてイラクやシリアを拠点とするＩＳ（イスラム国）が注目されるようになった。テロは、アルカーイダのように外部から先進国へと潜入し、犯罪を計画する集団ではなく、その国に住むその国の住民が、自国民に向かっておこなうものへと変質していっている。これが、「グローバル・ジハード（聖戦）」といわれるものの姿だ。社会学者バーガーの言葉を借りれば「世界はかつてないほど、またある場所では過去になかったほど、宗教的に怒り狂」うようになったのだ。

はたして、これはかつてハンチントンが予言した「文明の衝突」、すなわちイスラムと西欧の衝突なのか。構図はそう簡単なものではない。

なぜなら、宗教を理由としたテロは、イスラム原理主義であるかどうかにかかわらず、勢いを増しているからだ。インドではヒンズー国家の樹立をめざすヒンズー・ナショナリズムの台頭や、ミャンマーでは仏教徒によるイスラム教徒迫害は珍しくなくなっているし、アメリカではキリスト教原理主義者によって中絶をおこなう医師やムスリムへの迫害が報告されている。トルコではこれまでの世俗化（政教分離）の路線が否定され、第一章でみた非リベラルな民主主義勢力として数えられるエルドアン大統領による宗教原理主義への回帰がみられる。

二一世紀は、宗教、それも過激な行動を可能にする宗教の台頭という新たな争点の浮上をみており、ドイツやフランスではテロ対策と治安維持を最も重要な争点とみなす有権者が増えている。これが法と秩序を訴える極右ポピュリズム政治台頭へとつながっている。

先進国で連続するテロは、格差やマイノリティ差別、移民増加など、さまざまな理由でもって説明されてきた。しかし、こうした現象が起きたからといって、それが自動的にテロにつながるわけではない。この前提を共有するためには、なぜ先進国でいわゆる「ホームグロウン・テロ」が起きているのかについて、新たな争点のメカニズムやプロセスに注目しなければならない。

減少しているテロ死者数

最初に指摘しておくべきは、世界規模では増えているものの、少なくとも西ヨーロッパでのテロの死者数は二一世紀に入ってから大きく減少している事実だ（次ページ表10）。

ヨーロッパでテロの嵐が吹き荒れたのは一九七〇年代から八〇年代にかけてだ。「鉛の時代」として記憶されている一九七〇年代には、次章でみる学生運動を出自とする極左集団が過激化し、イタリアの「赤い旅団」などを典型とする政治テロ組織の政治家・資本家の誘拐拉致事件があいついだ。日本でも、日本赤軍によるよど号ハイジャック事件や、東アジア反日武装戦線による企業連続爆破事件などが同年代に起きている。

この時代には、アイルランドの独立をめざすＩＲＡ（アイルランド暫定派）、スペインのＥＴＡ（バスク祖国と自由）など、民族独立派の武装集団があいついでテロを起こしたことも、各国でテロが頻発した要因だった。一九八〇年代になると長期化するパレスチナ問題の影響もあって、ヒズボラなどの武装組織によるテロが起きる。

もっとも、二七〇名が亡くなった一九八八年のリビアによるパンナム機爆破テロから、一九一名が死んだ二〇〇四年のアルカーイダによるマドリードの列車テロの間で犠牲者一

○○名を超えるものは、アメリカで起きた9・11テロ、一九九五年に米オクラホマ州の連邦政府ビルが白人至上主義者だったティモシー・マクベイによって爆破されて一六八名が死亡したテロを数えるのみだ。

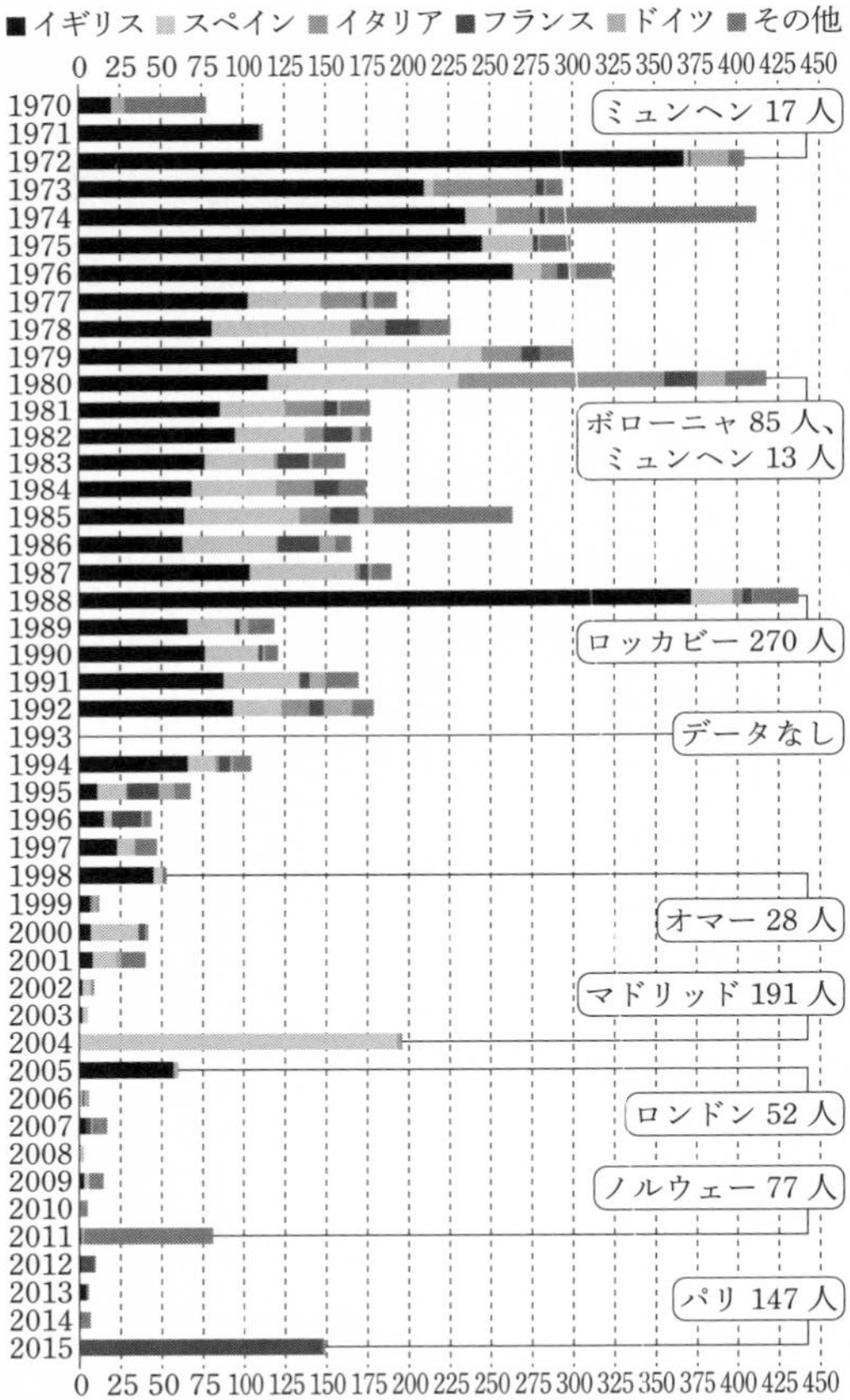

〔表10〕西ヨーロッパ各国でのテロ件数（1970〜2015）
出典：ハフィントン・ポスト

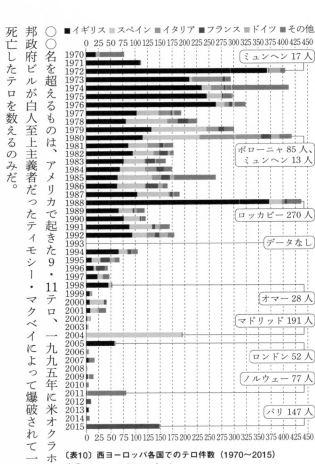

もちろん、テロの影響やダメージは、犠牲者数だけで測られるものではない。「テロ（恐怖）」は、その言葉が示す通り、それが与える心理的インパクトを重視した「みせびらかし効果」に依存する。年間一〇〇件以上というテロの数は無視できる数字ではないが、一九七〇年代の五〇〇件近くものテロと比べれば少ない。そこで、ポスト9・11のテロはなぜかくも大きな注目を浴び、恐れられるようになったのかという点こそが問われなければならない。

テロの三つの世代

結論を先取りすれば、二一世紀のテロは必ずしもイデオロギーや民族的アイデンティティ、政治的目標を動機とせず、その国の社会のあり方に応じて、不可避的に生成するものだからだ。

かつての極左テロや民族独立をめざすテロの目標は、比較的明確だった。どの程度まで本気で信じていたのかは別として、極左テロは政府機関破壊や資本家の殺害によって革命をめざしていたし、人質事件は仲間の釈放や身代金による活動資金獲得の手段だった。また民族派の過激集団であれば、実際の独立は達成できずとも、国際社会の注目を集め、支配勢力による統治の実態を訴えることができた。

こうした二〇〇〇年代以前の比較的わかりやすいテロに対して、二一世紀のテロはわかりにくい。それは多くの場合、極左テロと同じく、自国民による自国民への暴力行為だが、実行犯は移民出身であったり、移民二世によるものであったりすることが多い。他方で、こうした実行犯が、ISやアルカーイダの具体的な指令を受けてテロをおこなっているかといえば、必ずしもそうではない。テロ後にISが犯行声明を出したり、テロリスト自身がISを支持していたことなどは報道されても、具体的なテロの目標や手段についてまでISが組織的に関与しているとされる例はきわめて少ないことが確認されている。歴史認識問題と同じように、争点が共同体の外部と内部にまたがっていることで恐怖心は増幅されている。

理解の鍵は、テロ主体の変化にある。世界的に有名なイスラム主義専門家のジル・ケペルは、ジハーディストのあり方が時代に応じて変化してきたという。ジハーディスト第一世代は、アフガニスタンのムジャヒディーンのように、特定の拠点で海外勢力を駆逐することを目的としていた。第二世代は、アルカーイダのように特定の地域で資金集めから攻撃目標を策定するまでを行い、テロを遠隔地から遂行する。そして、「ジハード2・0」と呼ばれる第三世代は、ISのように、先進国の個人に対し、何らかの手段でテロをおこなうよう、インターネットを通じて教唆することを特徴にしている。

物理的攻撃と資金源カット、指導者の暗殺によってイラクとシリアでのＩＳ勢力は大幅に縮小している。ただし、インターネットという仮想空間こそがＩＳの本拠地だ。ＩＳには世界の言語を喋れるジハーディストがおり、彼らはＳＮＳなどを通じて、先進国のムスリムの若者に接触を図る。中東とヨーロッパの距離は、想像以上に近い。安価なＬＣＣを使えば、数万円をかけずとも渡航できる。いわば、特定の物理的領域を持たずに、ＩＳは過激イデオロギーだけで世界とつながるポストモダンな組織であり、それが先進国内部で進むネット社会の状況と符合するのだ。それゆえ、類似の組織は今後とも出現することになるだろう。アルカーイダのメンバーでジハード戦闘組織「アル＝ヌスラ戦線」の幹部アル・スーリは、テロは「組織ではなく機能」のことだと形容したとされる。

このような特性と相俟って、第三世代のテロは、「できる人が、できる時に、できる範囲で」遂行することを特徴にする。多くの資金や武器は必要なく、ニースやベルリンのテロのようにトラックで人ごみに突っ込んだり、あるいはロンドンやバルセロナで起きたテロのように車で人を轢いたりすればよい。

第一世代から第三世代への移り変わりは、テロ行為そのものの位置づけの変化でもある。担い手は集団や組織ではなく個人となり、動機も民族自決や革命といった政治的なものではなく、個人のルサンチマンや社会への復讐となっている。

こうした多発的で分散的な第三世代のテロは、次章でみる七〇年代の社会運動と同じように、自由な個人が主導する「ウーバー化」の事例だ。ウーバー社は、個人が事業主となって時々の注文や契約に応えて働くことをビジネスモデルにしているが、組織ではなく個人、供給ではなく需要、長期ではなく短期、継続ではなく断続であることを最大の特徴にしている。第一章で紹介した「ゼロ時間契約」もその系譜にあるが、戦後の共同体の崩壊は、テロの有り様にも作用している。

「弱者」のテロ

ケペルは、第三世代のテロの原型を作ったのは、二〇一二年三月にフランス南西部トゥルーズで、兵士とユダヤ人学校を襲ったモハメド・メラが最初だと認定している。メラによるこのテロ事件は、その後あいついだテロ事件でその衝撃が忘れ去られつつあるが、当時は大きな注目を浴びた。それは、それまでのテロの形式と異なっていたからだ。

第三世代の典型でもある、このメラのプロフィールを確認しておこう。事件当時二三歳ないし二四歳だったとされる彼は、フランスの旧植民地であるアルジェリア出身の両親の子どもとしてトゥルーズ市に生まれた。五歳で両親が離婚した後、母親に連れられて各地を転々とし、両親がそれぞれ再婚して異母兄弟五人と暮らすものの、青年時代は孤独だったようだ。学業で失敗し、仲間と暴力沙汰や非行をくりかえし、二〇一〇年にはアルジェリアのイスラム過激派に合流しようとしたり、フランスの外国人部隊に入隊を試みようとしたりしている。それ以前からシリアやアフガニスタン、パキスタンなどに渡航して、現地のジハーディストと接触していたという。そして、二〇一二年二月に事前に入手していた銃器で犯行に及び、自宅を包囲した機動隊との銃撃戦の末、射殺された。

実行犯か計画犯かを問わず、先進国のジハーディストのプロフィールは、実際には多様だが、ひとつの典型はメラのように、移民二世で、若くして家族との関係が切れ、地元で非行グループやギャング集団の仲間入りをし、獄中や海外でイスラム原理主義に触れて実際の犯行に及ぶケースだ。これは、二〇一五年の『シャルリー・エブド』襲撃犯や同日にあったユダヤ食品スーパー襲撃事件の犯人にも共通するプロフィールだ。「イスラム教が刑務所で最大の宗教となった」といわれることもある。

二〇一六年七月には、ドイツのミュンヘンのショッピングモールの銃乱射で九名が射殺されるというテロ事件があったが、犯人の一八歳の少年は、イランから亡命してきた親を持ち、公営住宅に住んでいたことで、その出自をからかわれ、いじめを経験していたという。彼が人びとの集うモールで多弾倉のピストルで狙ったのは同年代の若者たちだ。犯行に及んでいる最中、トルコ系市民に対する蔑称である「薄汚いカナーケン（アラブ系移民)」と叫んだ近隣住民に対し、少年は「ボクはここで生まれたドイツ人だ。このハルツⅣ改革で生まれた地区で。病院で治療を受けているんだ、何もしていないんだ」と言い返したという。ここで彼が言っている「ハルツⅣ改革」とは、第二章で説明した、九〇年代後半のドイツ社民党政権による労働市場・福祉制度改革の総称だが、ここでは低水準の福祉受給者のことを指す言葉として用いられている。

アメリカのシンクタンク「ニューアメリカ」は、二〇〇一年の9・11以降から二〇一六年までテロ未遂で逮捕された三〇〇件以上のケースを精査、計画犯の一二パーセントが過去に収監された過去を持ち(アメリカ人男性の平均は一一パーセント)、政治的動機や宗教的動機よりも、少なくないケースで人生の目的喪失や挫折を埋めるものとしてイスラム過激主義に依存していったと分析している。後述する、特定の民族やマイノリティを標的にするヘイトクライムと同じく、イデオロギー的動機ではなく、個人の力の誇示がテロの原動力であり、そのトリガーが宗教であることを意味する。例えば、二〇一三年に二六七名の死傷者を出したボストンマラソン・テロを起こしたツァルナエフ兄弟の一人は、ボクシング選手としてオリンピック出場を夢見て、アメリカの市民権を獲得することを目標にしていたが、国内で外国人の出場枠が取り消されてその夢が絶たれてから、過激色を強めていったとされる。

簡単にいえば、人生を失敗したと考え、社会的な絆を失って社会の周縁（マージン）に生きざるを得ない弱者たる若者たちが、第三世代のジハーディストとなる傾向がある。極右ポピュリストを支持する中間層も、人生に対して不満を抱き、他人を信頼しない人たちが多数を占めていることが調査からわかっている。こうした点からは、テロとポピュリズムの根は同じであることがわかる。

信仰が原因ではない

先進国のジハーディストは、決して敬虔で狂信的なムスリムではない。たしかに、先進国であいつぐ「ホームグロウン・テロ」は、現代社会における宗教的なものの威力をあらためて見せつけているようにみえる。しかし、イスラム教とテロを直接に結びつけるわけにはいかない。あらゆる宗教は人びとの間の平和と調和を説くものであって、それが攻撃的・排他的になるのは、特定の状況下で特定の人びとが急進的な考えを採用し、ふるまうことの結果である。キリスト教の十字軍に象徴されるように、宗教原理主義は洋の東西問わず、いつの時代にも存在した。こうした原理主義と宗教の本質は分けて考えたうえで、現状は分析されるべきだ。

ローマ教皇のフランシスコは、ヨーロッパやアメリカでテロが吹き荒れた二〇一六年八月、「イスラムの暴力を語るならカトリックの暴力もある。（略）あらゆる宗教には原理主義的な集団がいる」と述べている。サラフィー主義のように、イスラム教のなかでも厳格で原理主義的な考えをとる宗派もあるが、それはあくまでも特定宗派の考え方の問題で、それがどう実践されるかは別の問題だ。先進国におけるイスラム過激主義の動態を長年追跡している専門家オリヴィエ・ロワの表現を借りるならば、イスラム教が過激なのではなく、「過激派思想がイスラム化していっている」のだ。「イスラム主義」といった場合、それは宗教ではなく、一部のイスラム教の政治運動を指すものだ。イスラム主義は西欧の専門家たちが一九七〇年代に編み出した造語で、宗教的な過激派と同一のものではない。宗教とテロは安易に結びつくわけでない。

ＩＳが持っていた海外七〇ヵ国からのジハーディストの個人情報が記載された電子ファイルが大量に流出するという「ダエシュ（ＩＳ）・リークス」が二〇一六年にあったが、その四六〇〇名についてのデータを分析したアメリカ軍の「国家テロ対策センター（ＮＣＴＣ）」は、彼らの平均年齢は二六～二七歳、六一パーセントが独身、五二パーセントが高等教育を修了し、学生や労働者、自営業が多いとしている。報告書で興味深いのは、ジハーディストのシャリーア（イスラム法）についての知識と自爆テロ志望が反比例しているとみられることだ。海外のジハーディストのうち、自爆テロを希望したのは全体の一二パーセントである一方、その多くはイスラムの戒律についての初歩的な知識しか持ち合わせていない者だったという。

ジハーディストが、宗教上の知識を持っていないということは、広く認められている。アメリカの情報分析機関スーファン・グループ（TSG）の報告書は「ジハーディストの宗教についての知識の多くは初歩的で、それゆえ指導者の権威を疑わず、言われたことにそのまま従う傾向がある」と指摘している。フランスの対テロ組織は、監視対象となったイスラム過激派の三五パーセントがイスラム教への新規入信者だとしており、研究者のデータでは二五パーセントがキリスト教家庭からの改宗者だとしている。フランスの別の研究機関も、ジハーディストの多くが宗教上の知識を欠落させており、さらに父親の不在や絶え間ない移住、虐待や暴力の経験を持つものが多いと分析している。

こうした傾向は、先進国だけではなく途上国でも認められる。UNDP（国連開発計画）は二〇一七年までにソマリアやケニアなどアフリカ諸国で二年をかけてISやボコハラムといったイスラム過激派の戦闘員だった五七三人を対象にアンケート調査を行っているが、ここでもIS参加の動機を「宗教上の理由」とする者は四割にとどまり、その他「自分自身より大きなものの一部分となること」（一六パーセント）、「雇用の機会」（一三パーセント）、「友達・家族と一緒になる」（一〇パーセント）といった宗教以外の動機が多数を占めている。彼らの六割近くは、コーランを読んだこともなく、理解もできないと回答している。

個々の証言や事例をみても、同じ傾向が確認できる。身分を隠し、結婚相手候補としてISの戦闘員に接触しフェイスブックを介して調査を進めたフランスの記者は、相手が支配欲と承認欲に満ちており、イスラム教を女性を誘惑する道具としてしか利用していなかったことを手記で明かしている。

二〇一五年のパリ連続テロ実行犯の唯一の生き残りであるベルギー人のサラ・アブデスラムは、二〇一六年のベルギー連続テロにも関与したとされる重要人物だが、彼はベルギーのジハーディストの温床として名を轟かせたモーレンベーク地区でバーを営み、自ら酒も飲み、ムスリムの義務である毎日五回の礼拝もおこなっていなかったという。二〇一七年八月にはスペインのカタルーニャ州で一五人の死者を出したISテロがあったが、ティーンエイジャーを含む犯行グループ一二人を扇動したのは、アブデルバキ・エスサティという、イスラム教では禁じられている麻薬の密売犯だった。

ヴェール禁止とマイノリティ差別

先進国の移民系市民が差別されて、その結果テロ行為に追いやられるというのは、日本でもよくみられる推論だ。なかでも引き合いに出されるのは、ムスリム女性のヴェール着用の禁止だ（ムスリム女性のヴェールは、種類や形によってニカブ、ヒジャブ、チャドル、ヒマールなどさまざまな呼称があるが、ここでは一括してヴェールと記す）。

ヨーロッパでは二〇〇〇年代に入ってフランス、オーストリア、ベルギーなどが法律で、またドイツやイタリア、スペインなどの自治体の一部が条例で、顔を全部覆うようなヴェールの着用を禁止した。最近では、スイスやオランダ、オーストラリアの右翼政治家が、これを法律で禁止するよう求めている。

ヴェール禁止が求められるのは、それが宗教性と女性の抑圧の象徴だからだ。フランスでは、カトリック教会に対する反乱でもあった革命以来、世俗優位（「ライシテ」）の原則が徐々に根づき、信仰の自由を認める一方、宗教が公的な役割を果たすことを禁止してきた。そのため、公教育の場などで、学生がヴェールなどの宗教的なシンボルを身に纏うことが禁止された。

たしかに原理主義的なムスリムのなかには、子女に対して強制結婚や割礼を強要するケースもあり、そうした観点からヴェールを女性差別とみなすことはできる。他方で、ムスリム女性にとってのヴェールは、女性に対する好奇の目線を遮って身体的な自由を確保するための手段でもある。しかし、女性の自己決定と宗教的束縛からの自由を重んじるリベラル派、個人の文化的帰属を問題にする保守派のいずれにとっても、このヴェールは受け入れられないものとなる。

二〇一六年七月一四日の革命記念日に、南仏ニースの花火会場に大型トラックが突入して八〇人以上を死なせるという陰惨なテロがあった（トラックを用いたテロはその後ドイツなど各地で頻発した）。各自治体はこのテロを受けて、ブルキニというムスリム女性も着られる肌を出さない水着での遊泳を禁止した。イスラム教のシンボルが他の利用客に恐怖心を与えるというのが、その理由だった。

フランスはヨーロッパ最大のムスリム・コミュニティを抱えるが、彼らはイギリスなどと比べても、最も世俗化されたムスリムだ。例えば二〇〇六年の意識調査では、敬虔なムスリムであることと近代社会で生活することが対立的なことであるとしたムスリムは二八パーセントしかおらず、その約八割がライシテの原則を支持し、九割がキリスト教徒に好感を持っているとの結果が出ている。

だから、それゆえ、ヴェール禁止が即、特定の宗教的マイノリティの差別を意味し、それがテロを生んでいるとするのは短絡的に過ぎる解釈だ。では何がテロの温床となっているのか。

過激派に至る三つのステップ

二〇一七年八月のスペイン・バルセロナの鉄道テロの実行犯の多くは、テロ行為とほぼ同じタイミングでイスラム教に転向していたと報道されている。他方で、過激思想に染まっていると予測されるフランスの一万七四〇〇人（二〇一五年）のうち、三分の一程度が何らかのかたちで精神的な問題を抱えていると同国内務省は分析している。

つまり、若者の労働市場への参入や社会的統合が上手くいっていないという、その社会の脆弱な部分にISがつけ込み、テロの病巣となっていることになる。貧しさや不平等のせいだけではない。ロンドン大学の研究では、イギリスに関してはむしろ裕福な家庭で高等教育を受けた若者がジハーディストになる傾向があるとしており、ガーディアン紙が報じたところによると、二〇一五年には一七名の医学生がISに渡ったという。

では若者の過激化はなぜ生じるのか。ここではカナダの「暴力につながる過激化予防センター（CPRMV）」の図式が参考になるだろう。同センターは、政治的ラディカリズムを含め、過激思想と暴力的行為に至るには一般的に三つのステップがあるとしている。

社会がそもそも成り立つためには、社会に生きる人びとに何かが共有されているという前提がなければならない。もっともこの前提は、人によって困窮といった経済的要因や、孤立といった社会的要因によって、簡単に崩れる。その結果、個人は怒りや不条理、挫折の経験を覚えることになる。これが過激化に向かう条件の第一ステップである。

ここに至って、例えば家族や友人、学校や職場など、特定の共同体に帰属することで、個人が社会に帰属しているとの感覚があらためて獲得されれば問題がないが、環境から可能にならない場合がある。そうすると事態は第二のステップへと移って深刻なものとなる。社会によって供給される道徳的感覚や生活上の慣習から離反し、自身の生きる社会以外での自己犠牲、参加、支援など、新たな自我の没入の対象が求められる。それがたまたま宗教的動機を伴う暴力へのいざないとなれば、宗教的テロや政治的過激主義の原因となるというわけだ。

過激化した若者との接見を続けている精神科医ギヨーム・モノーは、彼らの多くは家族や地域、職場を通じた社会化の機会がなく、そのなかで何らかの卓越さや承認を求めてイスラム過激派に染まったと証言している。仲間を求め、その仲間からの承認を求めて、人はジハーディストになる。テロがウーバー化する所以《ゆえん》だ。

日常生活から人が離脱するとき、そこには「プッシュ（押し出し）要因」と「プル（引き出し）要因」がある。イスラム過激主義のテロに関していえば、イラク戦争やアラブの春、シリア紛争からテロ組織が生まれたことはプル要因、すなわち、先進国でのテロの説明になるだろう。しかし、それは説明の半分でしかない。残る半分は、なぜそうしたテロが起きるのか、社会の周縁に生きる者のなかで宗教と暴力がなぜ結びつくのかという、先進国の内部で生じているプッシュ要因によって説明されなければならない。

移民版ロスジェネとしての二世

プッシュ要因のひとつには、世代の問題がある。

戦後のヨーロッパやアメリカへの移民の大々的な流入は一九六〇年代から七〇年代にかけてのことであり、西欧には北アフリカ、サブサハラから、アメリカにはメキシコなど中南米諸国からの移民が職を求めて、あるいは斡旋されて移住した。第一章で論じたように、高度成長期だったこともあって、戦後の移民第一世代はそれほどの技能を持たなくとも、社会的安定を手にすることができた。もっとも第二世代が成長する一九七〇年代以降は、オイルショックが重なり、経済成長の鈍化に見舞われる。フランスの統計によれば、移民第二世代は、第一世代以上の社会的地位をめざすため、全国民平均に近い学歴水準を持つと推計されている。しかし低成長によって、親の時代ほどの雇用の量は供給されないジレンマに直面することになる。移民版ロスジェネの誕生だ。

ここでの問題は移民第一世代と、その子どもである第二世代の間の意識のギャップである。第一世代は、成人間際か、それ以降になってニューカマーとして移住してきた人びとであり、貧しさの経験から、母国に戻りたいと思わず、むしろ自らの出自や文化を否定して、移民したホスト社会に過剰適応しようとする。

他方で子どもたちは、ホスト社会に生まれ、そこで教育を受けるため、形式的にはその国の市民として生活をする。しかし、実際には両親が外国人であったり、異なる文化の痕跡が残ったりするため、社会のマジョリティと異なる存在とみなされる（いわゆるスティグマ化）。第一世代が確固とした「故郷」を持つのに対し、第二世代は生まれ育った地以外の選択肢もない。すなわち、目の前の社会のなかで生きるしかないにもかかわらず、その社会で疎外感を味わわざるを得ないというダブルバインドの状態に置かれる。思想家トドロフはこうした第二世代特有の状況を「文化喪失」と名付け、社会学者ギデンズは出生と生育という「二段階での同化」がされにくい対象だとしている。なぜなら、共同体であるホスト社会の同化機能が弱まっていると同時に、インターネットや文化の越境によって、個人が社会に包摂されにくい環境になったからだ。第一章でみたように、一九七〇年代以降は製造業ではなく、コミュニケーション能力や立ち居振る舞いといった文化資本が重視されるサービス業への転換が進んだ時期でもある。そのため、ホスト国社会とは相対的に異なる文化資本を持った移民二世は、就労面で不利になりやすいという特性もある。

こうした事情から、移民研究では第二世代はアイデンティティの空白を抱えやすいとされてきた。フランスの一九世紀からの移民史を辿ったノワリエルは、第一世代が「流浪という切断」を生きるのに対し、第二世代は「ふたたび社会に根付く」苦難を背負っていると表現する。

それゆえアイデンティティの空白を抱えがちな第二世代ほど、自らのルーツを追い求める誘因を持つ。次章でみるように、折しも一九七〇年代以降は、個人化と自己決定権というリベラル的な価値拡大によって、信仰や価値などに関わるものは、自らで決めることができ、決めるべきだとする社会規範が根付いていった時代にあたる。イギリスのムスリムを対象にした調査では、実際には若者世代ほど同性愛への抵抗感を持っていたり、ムスリム同士の婚姻にこだわったりすることがわかっている。これも自らの文化的なルーツに忠実でありたいという意識の表れとみることができる。こうした自らの文化的、民族的ルーツへの固執は、両親世代がそれを過去のものとし、過剰にホスト社会に適応していることに対する反発心によっても補強されていく。

「ボクはドイツで生まれたんだ」

両親は自らのルーツを消し去ることでホスト社会に馴染んだのであるから、両親や家族に文化的な包摂を求めることはできない。その隙間に付け入るのがイスラム原理主義となる。こうした状況を、イスラム過激主義を経験したあるイギリス人は、つぎのように証言している。

私たちは、ロンドンにあるイギリスの教育機関に通っていた。だが、そこでイギリスに固有のものは何もなかった。（略）イギリスからも切り離され、両親が有していた東側の文化からも隔絶していた。イスラーム主義は、私たちに人生の目的と居場所を与えてくれた。（安達智史『リベラル・ナショリズムと多文化主義』）

人口学者ミシェル・トリバラの調査によると、一九九二年と二〇〇八年のアルジェリアからの移民家庭を出自とするフランスの若者（二〇〜二九歳）を比べると、後者の方が宗教を信じているとする割合が二倍も多く、女性に限っては三倍も増えたという。若者であればあるほど、脱世俗化が進み、宗教回帰がみられるのだ。こうした傾向は、二〇〇〇年代に入ってから、ハラール（イスラムの戒律に従って処理された食品）食料の市場が年間一五パーセントほど拡大していっていることからもみてとれる。

世代が進むにつれて、次世代はそのまま社会に統合されていくと想定されるかもしれない。

日本の在日韓国・朝鮮人でも指摘されることだが、実際には親世代の文化と、自らの文化の間で引き裂かれて、深刻なアイデンティティの危機を抱く可能性を持つのが移民第二世代だ。先にみた「ボクはドイツで生まれたんだ」と叫ばざるを得なかったミュンヘンの少年テロリストは、移民第二世代にとってのリアリティが何であるのかを想起させる。警察の調べによると、この少年テロリストは右翼思想にも染まっており、ヒトラーと同じ日に生まれたことを周囲に自慢していたという。これなども二つの世界の狭間で居場所を見つけられなかったために、ラディカルな思想を持つようになった悲劇的なケースである。

二〇〇五年のロンドンテロ、二〇一六年のパリの連続テロ、二〇一三年のアメリカ・ボストン爆破、二〇一六年のオルランドとベルナルディーノでの銃乱射テロ、二〇一七年の英マンチェスターテロなど、代表的なテロの多くは移民二世による犯行であり、ある統計では第二世代が親世代よりも何らかの犯罪に手を染める確率は二倍以上高いという。移民としてのアイデンティティもなく、他方で自らの共同体でも個人主義や消費主義によってアイデンティティを獲得できない層が、他の共同体のアイデンティティを攻撃する傾向があることは、反ユダヤ主義の原因としてもあげられている。第一章でみた「捕食性アイデンティティ」は移民世代にも表れているのだ。

「眼差し」からのヘイトクライム

信仰心と過激主義は分けなければならない。ふたたびフランスを例にとると、同国のムスリムのうち、礼拝や断食などの「宗教的勤行をおこなう者」は四〇パーセントだったが、それ以外に「おこなわない者」が二五パーセント、「無信仰」も二五パーセント存在する（二〇一二年調査）。つまり、ムスリムといっても、それが信仰や信心とイコールであるわけではない。ムスリムだけではなく、カトリックも含めて、自らを「〇〇教信者」とする割合はますます低くなっていっており、フランスで「無宗教」とした国民は一九八一年に一〇パーセントに過ぎなかったのが、二〇一二年には三五パーセント、若年層（一八～三四歳）に限っていえば半数以上にのぼる。

同様の傾向は、先進国のなかでも信仰心の比較的厚いアメリカでも認められる。教会での礼拝に参加する国民や毎日祈禱する人の割合は二〇〇七年から二〇一四年の間で三～四パーセントほど減少している。また宗教が大切だとするのは、戦後生まれ（一九四六～八九年）のアメリカ人で過半数を数えたのに対し、八〇年代以降生まれのいわゆるミレニアル世代でそのように答える者は半数を切る。

脱宗教化が進んでいるにもかかわらず、なぜ過激な宗教的原理主義がはびこるのか。世代の要因につぐもうひとつのプッシュ要因は、ムスリムや移民系市民に対するホスト社会からの眼差しである。

先のアイデンティティの問題とも関連するが、「ユダヤ人を作り出すのは反ユダヤ主義」と言われるように、アイデンティティは他人からの目線によって養われる。第一章で言及したデュボイスも、黒人への差別が黒人を作る、と指摘していた。ユダヤ人であることを根拠に差別されることで、差別された人間はユダヤ人というアイデンティティを自らのものとする。すでにみたように、ホロコーストが広く周知されてからユダヤ人の文化的復興運動であるシオニズムが大きく広がったのも、同じ理由だ。

宗教テロを呼び込むのは社会

社会学者のジグムント・バウマンの表現を借りれば、人は帰属が明確でない時、はじめて自らのアイデンティティを問うようになる。これはグローバル化によってナショナルなものが希薄になることで、逆にナショナリズムが強化される論理と同じだ。移民二世のアイデンティティ空白は、他人が自らをムスリムとみなすと、あらためて自らのムスリム・アイデンティティの強化をもたらす。

つまり、移民系市民を過激派に追いやってしまうのは、彼らを宗教を基準に見るからだ。だから、宗教テロを呼び込んでいるのは、社会そのものだ。ＦＢＩによると、アメリカでは宗教や民族を理由としたヘイトクライムは二〇一五年に五八五〇件と前年比で七パーセント増、そのうちイスラム教徒に対する犯罪は六七パーセントも増えている。移民や移民系アメリカ人を敵視したドナルド・トランプが大統領に選出された二〇一六年には、反イスラムを掲げる組織が三四から一〇一団体にまで増えたとされる（ＳＰＬＣ調べ）。政治的にリベラル化した左派は、イスラム原理主義は宗教的・文化的抑圧に起因するとして理解を示し、一部の極右も、イスラム原理主義の反ユダヤ主義的立場からこれを支援する傾向がある。第二章でみたような権力の多元化による脱物質主義的価値観の政治は、鏡写しのように、極右に代表されるナショナル・アイデンティティの極と、過激派に代表される宗教的アイデンティティの極との間に引き裂かれていっている。

イギリスでもＥＵ離脱の国民投票が決まってから、続く三日間で九〇件もの移民系市民へのヘイトクライムが報告され、二〇一六年は前年比で二割ほどヘイトクライムが増えている。ドイツでも、二〇一五年にモスク七五ヵ所が何らかの被害を受けたと報告されている。フランスでは、二〇一五年にデモ隊がモスクに乱入してコーランを燃やすという蛮行があった。こうした兆候は、二〇一一年にノルウェーで七〇人以上の青少年や政府職員を殺害したブレイビクによるテロ事件からすでにあった。彼はムスリムや多文化主義、エリートへの反感から犯行に及んだ。カナダでは、二〇一七年にはトランプやルペンの移民排斥の言説に感化された大学生がモスクで六人を射殺した事件が起きている。ドイツで難民に融和的な元県知事が銃殺された二〇一九年の事件での実行犯は極右思想を持った男だったし、同年ニュージーランドのクライストチャーチのモスク襲撃で五〇人を殺した、ブレイビクを崇拝していたというオーストラリア人の男も、彼が「大いなる代替」と呼んだ西洋でのムスリム増大に危機感を覚えた人物だった。一連のテロ事件は、イスラモフォビア（イスラム嫌い）の感情を呼び覚まし、ヘイトクライムとして感染していくことになる。

ラディカリズムを呼び込む悪循環

二〇一七年にはヨーロッパの右派団体がクラウドファンディングで八万ユーロ（約一〇〇〇万円）を集め、地中海を渡ってくる難民・移民を阻止するための大型船をチャーターしてパトロールをするといった組織的なヘイト行為までもあった。なかには二〇一五年のパリの連続テロに対抗の意思を示そうと、パリの広場でスワッピングをフェイスブックで呼びかけて二万件の「いいね！」を集めた企画もあったが、ヘイトとは言わずともこうした悪ふざけも、敬虔なムスリムの感情を逆なでしたことは確かだろう。フェイスブック社は二〇一七年に一ヵ月で三〇万件弱もの世界のヘイトスピーチの投稿を削除せざるを得な

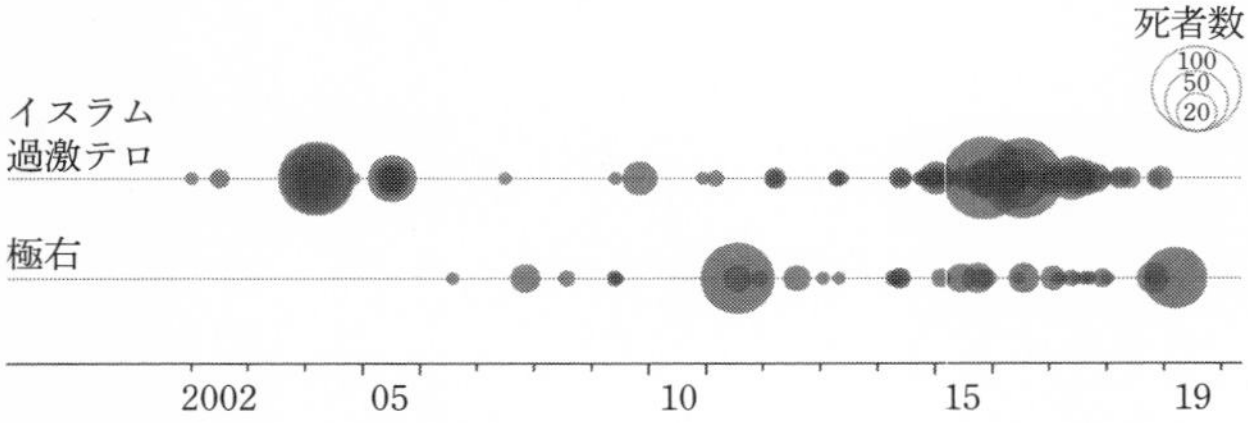

〔表11〕西ヨーロッパ、アメリカ、オーストラリア、ニュージーランドでのジハーディストテロと極右テロ件数の推移
出典：*The Economist*, 21st March 2019

かったと公表している。

つまり、イスラム原理主義によるテロと認知されるものが増えて、それが今度はヘイト的なナショナリズムや白人至上主義といったラディカリズムを呼び込み、これが宗教的アイデンティティを呼び込むという悪循環が生じているのだ。それを準備したのは七〇年代から進んできた価値観の分配の政治でもある。表11は、二〇〇〇年から二〇一九年までに起きた先進国での国内テロの死者数の推移だが、二〇一〇年から一七年に限ってみると、うち九二件は極右によるもので、イスラム過激派テロ（三八件）と連鎖していることがわかる。

イギリスを二〇一五年に騒がしたのは、パキスタン系のギャング団が過去数年間にわたって少女たちをレイプしたり売春斡旋したりしていた事件だった。これは、公権力が移民社会に介入しないという多文化主義の原則や反レイシズムを意識したことが事件解決を遅らせたとして大きな批判を浴びた。ポリティカル・コレクトネスの弱点が、逆にポリティカル・コレクトネス批判を招くようにもなっている。

逆に公権力によるテロ対策も、むしろテロを呼び込んでしまう可能性がないわけではない。

二〇一一年には、ニューヨーク市警がイスラム教徒であるという理由だけで一般市民を監視しているとの不服が申し立てられ、市警側が敗訴するという出来事があった。ムスリム全般を危険視することは、彼らのアイデンティティに宗教を呼び込んでしまうことになる。テロ防止という大義名分があるにせよ、社会的な統合や適応が上手くいっていない若者たちを「イスラム系」というだけで監視対象としたり、潜在的なテロ予備軍とみなしたりすれば、それまでの空虚なアイデンティティは、ムスリムであることをむしろ強固に求めるようになる。

「ポスト世俗化」の議論

先進国における宗教回帰の現象は、すでに一九七〇年代後半から指摘されていた。ここから二〇〇〇年代に入ってからは、哲学者や社会学者の間で「ポスト世俗化」の議論が盛んに交わされるようになってきた。

これまでみてきたように、二一世紀の先進国でのテロの多くは、その国の社会の内部が抱えている問題にイスラム過激派やISがいわば「便乗」して起きているに過ぎない。そうであるならば、その国の問題がなぜ宗教的な位相をまとうようになったかを説明しなければならないだろう。ここでは「ポスト世俗化」という議論を手がかりに、テロ激化の理由を探ってみる。

日本では聞きなれない「ポスト世俗化」という言葉は、二〇〇四年に西欧随一の知識人たるドイツのユルゲン・ハーバーマスと、翌年にベネディクト一六世としてローマ教皇に選出されるラッツィンガー教皇庁教理省長官とによる対談の場で用いられてから広まった概念だ。ハーバーマスは国家と市場から自律的な「公共圏」の概念を歴史的に描いたことで有名な哲学者であり、ベネディクト一六世は保守的な価値を唱えた厳格な教皇として知られる。

対談に際して問題提起を求められたハーバーマスは、市場や資本主義の力がますます増している現代にあって、文化的な品位や市民同士の連帯は、市民社会だけの手によらず、宗教共同体の助けも得て守られなければならないと訴えた。カトリックは、歴史的にみて、資本主義に対して批判的な宗教である。したがって、政治と宗教はこれまでのように対立するのではなく、協調関係を構築していくことが求められる状況こそが「ポスト世俗化」の時代だと表現した。

「ライシテ」の原理のところでみたように、元来「世俗化」とは公的空間や公権力から宗教的性格を排除すること、すなわちカトリック教会の影響力を殺《そ》ぐことを意味していた。また、科学技術の発達と高等教育が普及することで個人の信仰心は後退し、「脱魔術化」が進むと暗黙のうちに想定されてきた。近代とは、個人の自己決定権や科学的合理性の進展をみて、非合理で抑圧的な宗教的なものからのリベラルな離脱のプロセスだとみなされてきたからだ。オーギュスト・コント、ウェーバー、マルクスなど、名だたる人文社会科学者らは、近代が進展していけば、宗教や信仰は後景に退くだろうと予想していた。人間の理性に信頼を寄せる考え方は、人びとを迷信から救い出し、合理性や実証に基づいて行動する世俗世界が到来することを予期させるからだ。

しかしハーバーマスがラッツィンガーとの対談で触れているように、二一世紀になって明らかになったのは、こうした世俗化が進めば進むほど「宗教の再興」が進むという逆説だった。彼は、ニューエイジ運動、ヒンズー・ナショナリズム、アメリカの宗教右派、中国の法輪功、イスラム過激派といった宗教原理主義が各地で生まれているとし、世俗社会が宗教との対話を怠るかぎり、宗教的な意識は先鋭化を余儀なくされることを予言した。この一五年以上前の予言は現実のものとなった。

「呼び出される」神

ハーバーマスらが先鞭をつけた「ポスト世俗化」論は、その後さまざまな意味合いで使われるようになる。ここでは、相反するものとされてきた「世俗化」と「宗教意識」が、なぜ結びつくのかに焦点を絞って論じよう。なぜ先進国で宗教をフックとしたテロが起きるのかの説明となるからだ。

ドイツの社会学者ベックは、世俗化と宗教意識がともに進展していくことは不思議なことではなく、近代化と個人化が進んだことで起こる、当然の帰結という。それというのも、近代化が進み、個人が集団や共同体、歴史的意識から解放されていけばいくほど、個人は伝統から切り離され、生きていくうえで当たり前とされていた指針を見失っていくからだ。

当然とされていた歴史や伝統が失われていけば、人びとは自らのアイデンティティをパッチワーク的かつ恣意的に、主体的に選択し、創造していく「再帰的近代」に生きるしかない。そこで立ち現れるもののひとつが宗教的なものへの希求だ。つまり、もはや宗教が個人を操るのではなく、個人が宗教を利用することになる。ベックの卓越な表現によれば、「愛の自動販売機」たる神がおり、それは個人が必要な時に「ホットライン」で呼び出される」のである。

ここでは、宗教は、「信仰の体系」ではなく、「個人の信仰」へと解消される。本書でいう宗教の「ウーバー化」だ。世俗化の流れのなかで、宗教や教会の力は殺がれ、他方でリベラリズムの原理から、信仰は個人の内面の自由の問題とされた。この二つが合わさることによって、宗教と個人はふたたび結びつくようになる。

この段階で、もしカトリック教会の司祭やイスラム教のイマーム（預言者）が、個人に対して命令するような権威を持ち、それに信者が従わなければならないのであれば、人は自らの自由を奪われることを警戒して、信仰心を持とうとしないだろう。そうではなくて、自分の采配で宗教をどうにでも利用できることが、ポスト世俗の時代では人が信仰心を抱く最大の理由となる。個人の自己決定権を前提とした新自由主義的な社会で自らの不遇や困窮が個人的なものであるとされれば、人はそれを否定する説明や教義によって、その状況を否定する力を得ることができる。そうでなければ、自らの不遇や困窮から脱することができなくなる。そのことが、多くの場合、社会の「弱者」がテロリストへと転化していくことの説明ともなる。

ベックはまた、宗教とは、それがどのようなものであれ、国家を超えるグローバルな性質を持っていることに注意を促している。こうした指摘からは、国境に縛られないＩＳ

は、個人に信じたいことを信じさせてくれる情報を絶え間なくみせてくれるインターネットという電子空間を使い、世俗的な利益を餌として個人に信仰心を植えつけることに成功した、きわめて現代的な宗教ということもできるだろう。

ベックの「ポスト世俗化」の議論は、キリスト教を念頭に置いたものだが、先進国のホームグロウン・テロをも説明する。例えばフランス南東部イゼールでは二〇一五年一二月に、サラフィー運動に共鳴していたとされる人間が、そりの合わない職場の上司の頭部を切断し、職場だった工場のフェンスに「神は偉大なり」というアラビア語とともに突き立てるというおぞましい事件があった。同じ月には、職場の同僚を狙ったアメリカのカリフォルニア州のサンバーナーディノでの乱射事件もあった。両者ともにＩＳと何らかの接触があったことから、数多あるＩＳテロのひとつとされているものの、組織から直接的に指示があったという決定的な証拠はみつかっていない。宗教テロの姿を借りた個人的な恨みや怨念による犯行だった可能性があるが、これも個人によって神が簡単に呼び出されたケースだ。

「ポスト・デュルケーム」の時代

コミュニタリアン（共同体主義者）として有名な政治哲学者チャールズ・テイラーは、世俗化の進んだ歴史を精査し、近代的な理知によって宗教が駆逐されたことは実際には一度もなく、現代にあっても、宗教的なもの以外に道徳上の源泉は存在しないという。例えば、人に固有の権利が認められるべきとする立憲主義の精神も、「人は神に似せて作られたから」ということ以外、その根拠を見出すのは難しい。だから、科学によって宗教は置き換えられることはない。例えば「2+2は4」という絶対的な定理が科学的に導かれたとしても、それで正義の実現や不条理が解消されるわけではない。正義や道徳の源は宗教によって供給されるしかない、と。

宗教が個人的な選択によって再興することになるとしている点で、テイラーはベックと同じ立場をとる。テイラーの見取図では、宗教と政治が一体で未分離だった「旧デュルケーム的世界」（聖俗の境界線を社会学者デュルケームが引いたところによる）は、世俗革命を経験し、良心や善悪についての判断が私的領域に任されるようになる「新デュルケーム的世界」へと移行し、さらに一九六〇年代以降に進んだ個人化によって、宗教という超越性が個人の手によって担われる「ポスト・デュルケーム的世界」へと変転してきたとする。次章で詳しくみる一九六〇年代から七〇年代はまた、スピリチュアル世界やニューエイジ運動がブームになった「ポスト世俗化」時代の端緒となる。宗教が個人を操るのではなく、個人が宗教を操るようになるのは、社会が個人を単位とするリベラルの原理を取り入れるようになったからだ。

ちなみに、ベックもテイラーも「ポスト世俗化」は、自己救済を願う個人によるものであるから、むしろ自分を破壊するような過激化は最終的には抑止されるはずとの楽観的な見方をしている点でも共通しているが、その見通しが誤りだったことは現状が証明している。

個人の解放が宗教を招き寄せる逆説

「ポスト世俗化」が進展していくメカニズムを明らかにしつつ、ベックとテイラーはそれがむしろプラスに作用することに希望をつないだが、冒頭で引用したケペルは、悲観的な見方をしている。

ケペルは、ヨーロッパのカトリック教会、アメリカのプロテスタンティズム、ユダヤ教、イスラム教のいずれでも、一九七〇年代半ばに大きな断絶を経験したとしている。この時代には、バチカンでは信仰よりも理性が重視され、教会の信頼失墜を取り返そうと、「再キリスト教化」（その代表的論者が先のラッツィンガー枢機卿とされる）が進められたし、アメリカでは社会改革や貧者救済に熱心な「リベラル・プロテスタント」が否定され、個人の救済により重きを置く福音主義が台頭していった。そしてこれはまた、個人の自由と責任を謳いあげるレーガン政権期の新自由主義の下地となったともいう。すなわち、個人主義という政治リベラリズムと、新自由主義という経済リベラリズムの共犯によって、政治的ラディカリズムは同時進行していったのである。

また、イスラムでも、イラン革命のように政治的なかたちで教義が影響力を発揮したことによる反省から、個人ひとりひとりの信仰を通じた世界の「再イスラム化」が実現されなければならないとする、下からのネットワーク運動がみられるようになった。世俗世界との分離に特徴づけられる「再宗教化」は、七〇年代に世界的規模で進んでいったのだ。

その理由としてケペルは、戦後の楽観的な世界観（本書でいう共同体・権力・争点が保障したリベラル・デモクラシー）が、失業や環境、人口問題といった危機によって覆されたためだとする。現世への幻滅は、新たな救済を約束してくれる宗教への期待へと転じる。その限りにおいて、宗教性への回帰は、世俗世界と大きな断絶をもたらすものとして解釈される。だから、この本の関心に引きつけていえば、ポスト・デュルケームの時代は宗教と信仰を新たな争点として据えることになる。ケペルは、イスラム主義の専門家であると同時に、その非寛容性を強調することでも知られる。彼は、イスラム教は社会の構成原理を神のみに認める一元論をとるゆえ、民主主義社会と最も相性が悪い宗教だという。

テイラーとともに、コミュニタリアンの代表的な哲学者であるマイケル・ウォルツァーも、民族解放を経て建国されたイスラエル、インド、アルジェリアという三つの国を事例に、これらで独立後になぜ宗教的原理主義（シオニズム、ヒンズー過激主義、イスラム原理主義）がはびこるようになったのかの理由として、左派リベラル的な世俗主義の原理が、その国であまりにも優先されたことに理由を求めている。アルジェリアは一九六二年に宗主国フランスから独立するが、初代大統領に就任するベン・ベラは宗主国フランスのエリート層の知識に親しみ、イスラムよりも社会主義を重んじていた。イスラム教徒を解放するための独立戦争であったにもかかわらず、建国が宗教的要素を排除して世俗原理に基づくものであったために、抑圧された宗教的な原理主義が台頭することになったとする。

このウォルツァーの見立ては、その後エジプトやリビアのように「アラブの春」で解放されたはずの国々で、社会が自由になるどころか、宗教に基づく権威的な社会が生み出されていることの説明にもなっている。「啓蒙が反啓蒙を可能にしたという主張が正しいのとまさに同じように、解放運動のプロジェクトが宗教的熱狂の復活を可能にしたと論じることは可能である」（ウォルツァー）。ケペルは戦後の進歩史観への幻滅が宗教の再興を招き、ウォルツァーは宗教の等閑視が原理主義の台頭を招くとしている点では異なるが、いずれも世俗化が進めば宗教は後退していくことになるという直線的な解釈が間違いであることを論証している。

宗教は個人のアイデンティティ形成に直接的に作用し、人生の意味の供給源としての機能をふたたび果たしていくことになるというのが「ポスト世俗化」の議論だった。それはまた、ニューライトが台頭するアイデンティティ政治を基礎とする時代と双子の関係にあるのだ。宗教テロと反移民テロは地続きの関係にある。

ウエルベック『服従』は何に服従したのか

フィクションを通じて「ポスト世俗化」論を説明するのは、ミシェル・ウエルベック著『服従』だ。この小説は、二〇一五年一月七日のパリ『シャルリー・エブド』襲撃事件当日に公刊されたこともあって大きな注目を浴び、フランスで進むイスラム化と、これに対する極右政党を近未来の舞台としたこともあって、世界中でベストセラーとなった。日本のみならず本国でも、この本は単なる「イスラモフォビア（イスラム嫌い）」として片付けられてしまうことがあるが、実際には個人の解放が宗教を呼び寄せるという逆説を、説得的に描き出したものだ。

小説は、二〇二二年のフランス大統領選の前後を扱う。既成政党は圧倒的人気を誇る極右・国民戦線の大統領候補を落選させるため、ムスリム同胞団（エジプト・ムルシー大統領も属していた実在のスンニ派宗教組織）の候補者を担ぐという奇策に打って出る。産油国の支援もあって同胞団は勢いづき、保革対立ではなく、世俗極右 vs.宗教原理主義が争点となる

（これは、第二章での話でいえば、リベラル・コンセンサスに対するポピュリズム政治台頭の一種である）。この大統領選でモアメド・ベン・アッベスが大統領に選出され、フランスはシャリーア（イスラム法）のもとで統治される――この間の出来事が、放蕩無頼を尽くす大学教授、フランソワの目線でもって語られる。

こうした内容を持つ同作品は、フランスのイスラム教の脅威を喧伝したものと誤読されたが、そんなステレオタイプが評価されるはずがない。翻訳される前にこの本の評判を書きとめた浅田彰は、「一九六八年以後の多文化主義の建前を露悪的にひっくり返す」のがウエルベックの十八番だとしつつ、「西洋の没落とイスラムへの服従を穏やかなニヒリズムをもって冷静に受けいれるという物語」だとまとめている。ただ、浅田のこの評価も中途半端だ。反対に、アメリカの左派ネオコンの理論家であるマーク・リラは、この作品は人間の自由が拡大されればされるほど幸せになるはずという賭けの失敗が招いた危機の告発であって、イスラム教はその不安を表現するものとして使われているに過ぎないと、的確な評価を下す。宗教と信仰という観点からみて、ウエルベックのメッセージはもっと重層的なものだからだ。

ウエルベックは自由と解放による人間の孤独をテーマとして一貫して扱ってきた作家だ。彼のモチーフは、現代社会において規制やタブーが際限なく取り除かれていくため、欲望はむしろ満たされることを知らず、人は内的な空虚を抱える破目に陥るというものだ。告発されるのは、経済や性の領域において、個人の解放が実現した結果、経済的な豊かさと性的な魅力による野放図な競争が生じ、物質的および精神的な格差が支配する社会である。

小説『服従』の主人公フランソワも、社会的地位や性生活にも恵まれながら、個人主義が支配する社会で、自らの欲望を持て余す。ちなみに、こうした個人主義ゆえの不安感は小説の主人公のみならず、フランス人の多くが実感しているものだ。九〇年代後半に「モラル・ハラスメント」という概念を定着させるのに貢献したことで知られる精神科医マリー゠フランス・イリゴエンは、その『フランス人の新しい孤独』で、先進国における個としての独立に加え、幸福な男女関係や家庭を築く能力を持たなければならないという二律背反的な社会的規範が、多くの人びとを躁鬱状態に追い込んでいると診断している。日本でも、男女ともに仕事と育児の両面で成功しなければならないという役割期待から、ノイローゼなどが増えるのと同じ現象だ。

フランスでは二〇一五年に、左派政権によって同性婚と同性カップルによる養子縁組が法的に認められたことに対する大規模なデモが展開されたが、こと個人の権利について寛容なはずの国で、数万人を動員しての反対のデモが巻き起こったことは大きな驚きを持って受け止められた。それは単なる反動というよりも、際限ない自己決定を迫られることへの疲弊として捉えることもできるかもしれない。このカウンター・デモには、イスラム教徒も多く参加している。移民系を出自とする彼らは、政治的には左派的だが、宗教的戒律から文化的には保守的な志向を持っているからだ。こうした新たなアイデンティティ政治のかたちに対して既存の社会は対応できず、ますます社会文化的な剝奪感を蔓延させるようになっている。

「人間は自由という刑に処せられている」といったのは、ほかでもないフランス人のサルトルだった。いうなれば、この「リベラルな自己決定からの逃走」を肯定するのが、『服従』のテーマである。個人の自己決定と成功を絶えず要求する現代社会に対し、ウエルベックの描くイスラム教には、道徳も救済も、さらに応分の地位も保証されている。物語ではムスリム同胞団の政権が発足してから、治安が改善され、景気もよくなっていくことが明らかにされていく。

女性にもてないことをこじらせた中年男性を主題にした彼の代表作『素粒子』に典型だが、ウエルベックは人間を解放することはすなわち、その人間は自らの能力だけしか頼るものがなくなることを意味するから、結果として夥しい不平等を生むことにつながると、あるインタビューで答えている。人間の責任は、社会にも家庭にも伝統にも歴史にも負わせることができず、自分で負うしかなくなるからだ。そして、その負える責任の範囲は、個々人の能力や資本によって異なってくるゆえ、行き着く先は人生のあらゆる側面での不平等でしかない。

だから、『服従』が告発するのはイスラム原理主義ではなく、人間精神を救済できない現代社会であり、それに宗教が利用されるという「ポスト世俗化」のロジックを描くものなのだ。

ここで出てくるのが、信仰の問題だ。小説後半、主人公フランソワは文学大全の編纂とイスラムへの改宗を承諾して大学への復職を決心する。主人公は過去にカトリックとして育てられた記憶もあって、カトリック修道院に救いを求めて修行するのだが、結局、自分の役に立たない宗教には意味がないということをその過程で悟る局面がある。自分の人生にとって使えるか、使えないかが、信仰心を持つか持たないかの基準なのだ。だから主人公フランソワは、自らの出世と性的願望（一夫多妻制！）のため、なんとなくムスリムになることを、あっさりと決めてしまう。

現代社会では、宗教こそが個人の欲望に服従することになる。個人の自己決定権が当たり前となった政治リベラリズム優位の社会で、宗教への「服従」はあくまでも主体的に、自主的になされるという逆説が、小説のタイトル『服従』の意味なのだ。ちなみに「イスラム」とはアラビア語で「服従」の意味だ。

大学人たる主人公の専門が一九世紀の文学者ユイスマンスという設定も示唆的だ。曰く「ユイスマンスはまったく他の人間と同じなのだ。つまり自分の死には無関心で、本当の関心事、本当の心配事は、身体的な苦悩から逃げられるかどうか、ということだった」。死に無関心ということは、宗教から最も遠いところにあることを意味する。ユイスマンスはそれよりも、現世での苦痛や不条理に敏感だった。これほど現代的な信仰はない。

共鳴する敗者と宗教

これまでの議論をまとめておこう。宗教原理主義は、社会で不遇をかこつ弱者、特に、親の母国とホスト社会の文化との間でアイデンティティの空白を抱える移民第二世代に強い訴求力を持つ。伝統的な宗派や教会によるものと異なり、「ポスト世俗」的な状況に置かれる宗教は、個人によって観念され操作される対象となっていく。そのため、先進国でのホームグロウン・テロは、その社会で生成される問題に呼応するかたちで、人それぞれが個別に抱える人生上の悩みを奇貨として、分散多発的に起こることになる。さらに、頻発する移民系市民に対するヘイトクライムは、個人のアイデンティティにおける宗教の役割を強化させてしまう。価値の分配に基づく行為という意味では、テロもヘイトクライムも同系である。

いまのイスラム過激派テロは、個人化され、「ウーバー化」されたテロ、言い換えれば自己決定権を肯定する政治リベラリズムが招き寄せたものだ。それだけに規模は小さいものの、多発的で、皆に恐怖心を与えるのが現代テロの特徴となる。

哲学者フランコ・ベラルディは、有名なコロンバイン高校銃乱射事件や米同時多発テロ、ノルウェー連続テロ事件のほか、宗教を理由とした各国での銃乱射や自爆テロのケースを逐一検討して、それが現代社会ならではの行為であるという。彼によれば、これら犯罪者のアイデンティティとは「攻撃による自己肯定」にある。なぜ若者は、どうせ最後に自分が殺されると知っていながら、大量殺人を犯そうとするのか。それは、社会で支配的な規範に従っても、あるいはそうしたからこそ、自らの人生が惨めになったと感じ取られたため、一時的にでも社会に対して優位になろうとする自殺行為の一種だからだ、と解釈する。テロがかつてのように、単に社会を恐怖に陥れるための行為というよりも、社会を否定することによる自殺行為だと解すれば、そこで宗教が呼び出されることも、テロが分散多発的であることも、説明できるだろう。

人は、若い時期に自らの存在が脅かされたり、自らの生きる環境が不安定な状況に置かれたりすると、一般的に信仰心を持ちやすくなるとされている。それゆえ、個人に安心感や見通しを提供できていれば、宗教の持つ暴力的な側面は自ずと抑制されることになる。しかし第一章で確認したように、戦後の豊かさと平等が喪失されていき、将来展望という進歩が約束されなくなれば、それは宗教的なものが顔を覗かせる時代を迎えることになる。

だから、テロは宗教によってではなく、社会そのものによって生みだされている。現代の個人化された宗教は、個人の置かれた状況によって、いかようにでも解釈されたり、捻じ曲げられたりする。それは、ヘイトクライムの持つ構図もまったく一緒だ。だから、まずは社会の統合原理や道徳の根拠と、それを自由に解釈する個人が置かれた条件を検討しなければならない。道徳の根拠と個人の自由の条件とは何か――次章ではそれを探ることになる。

第五章　アイデンティティ政治の起点とその隘路

「市民」と書かれたのぼり

日本の集団的自衛権を認める安全保障関連法案への反対が二〇一五年に巻き起こり、一九六〇年の安保闘争以来となる数百万人ものデモ隊が各地で抗議運動を繰り広げていたとき、「市民」とだけ書かれたのぼりを掲げたデモ参加者が話題になったことがあった。

なぜこの人は「市民」と書かれたのぼりを掲げたのか――それまでの一般的なデモといえば、「〇〇組合」や「〇〇労協」、「〇〇労連」、果ては「革マル派」（正式名称は「革命的共産主義者同盟革命的マルクス主義派」）といった組織や集団ののぼりを目にするのが当たり前だった。彼はそれを否定したかったのだろう。安保法制反対のデモに参加したこの人は、こうした組織の一員ではなく、単に「市民」として法案に反対しているということを意思表示したかったのではないか。企業や組織の一員としてではなく、一人の自律した個人であることを良しとする点では、先のテロと同じように、社会運動も「ウーバー化」しているといえよう。

安保法制反対のデモでは、各地の大学生が作った「SEALDs（「自由と民主主義のための学生緊急行動」）」がシュプレッヒ・コールならぬ「コール＆レスポンス」や、ビラならぬ「フライヤー」を使ったデモを各地で実施、多くの注目を集めた。参議院特別委員会の中央公聴会に呼ばれたSEALDsの主要メンバーの奥田愛基は、「どうか政治家の先生たちも、個人でいてください。政治家である前に、派閥に属する前に、グループに属する前に、たった一人の『個』であってください」と訴えかけた。

一人一人は、どこかの組織や集団、あるいは共同体に属する一員としてではなく、市民として、個人として、考え、行動しなければならない――それこそが、安保法制反対のデモのなかで再発見された価値、あるいは訴えられたことのひとつだったことはまちがいない。

意外かもしれないが、社会科学の分野でも、デモや抗議運動をどのように説明したらよいのかについて、これまで定説のようなものはなかった。

一九世紀にあっては、人びとが集まることで群集心理が生まれ、手に負えないような熱狂を帯びて集団的な行動をとるとした社会学者ル・ボンの群衆論などが代表的だった。二〇世紀になって、こうした群衆は多くの場合、左派政党／社民政党のもと、労働者として組織化されるという「資源動員論」という説明の枠組みが一九六〇～七〇年代に生まれてくる。これは先の社会心理学的に個々人の意識や感情からデモなどを説明するのではなく、特定の組織や集団が特定の政治的・社会的目標を実現するため、戦略的に社会運動はおこなわれるものだとする議論だった。関連して、こうしたデモを含む社会運動が成功するのは、どのような制度や環境的条件の下でなのかを論じる「政治的機会構造論」といった説明もでてきた。

ちなみに、安保法制反対のデモについて、右派メディアなどが「民青の別働隊だ」とか「特定政党の動員によるもの」といった批判を展開し、保守的な有識者からは「デモは意味がない」といった冷笑などがあったが、そのいずれも、この資源動員論と政治的機会構造論の見方を無意識的になぞったものだ。しかし、こうした見方と、実態はともかく冒頭にみた「市民」や「個人」が参加するデモ、という意識は大きく異なっている。

政治や社会はいつからどこにも属さない「市民」のもの、あるいは「個人」のものとされるようになったのか――その起源を遡ると一九六〇年代後半から七〇年代初頭に行きつく。

これまでの章では、まず政治と経済のリベラリズムとの間の不均衡が既存の共同体・権力・争点の三位一体を崩壊させ、これが非リベラルな民主主義や権威主義の発生源となっていること、権力を構成する社民政党をはじめとする既成政党の変化がポピュリズムを呼び寄せていること、さらに歴史認識問題と宗教原理主義という新たな時代の争点の根底には、個人を社会の基礎的単位とする思考や制度があることを指摘してきた。この章では、その起源と、個人の解放というリベラルな論理がむしろ個人を不自由にしているという逆説の理由を明らかにすべく、一九六八年以降の先進国社会についての理論と状況を批判的に確認してみよう。

すべては一九六八年にはじまった

「六八年革命」といえば、フランスで一九六八年五月以降に起きた学生・労働運動による大規模な抗議運動、ゼネストのことを指す。きっかけは、五月三日にパリ大学ソルボンヌ校での学生の集会を大学当局が認めず、解散させられた学生らがパリ中心部に繰り出して警察車両に投石したことだった。彼らを取り締まる警察・機動隊が市中に繰り出し、これに学生が投石やバリケードで応戦、パリやその他の主要都市は機能不全に陥った。一〇日後には労働者や知識人が学生と連携し、そのままフランスは史上初の自主的なゼネストに突入した。

一九六八年が大きな意味を持つのは、こうした大規模な抗議運動がフランスのみならず、アメリカ、日本、西ドイツ、イタリアなど多くの先進国で、あるいはチェコといった当時の共産圏、そしてメキシコといった途上国でも同時並行して進んだからだった。これに中国の文化大革命を加えることもできるだろう。一九四〇年代後半から五〇年代前半にかけてのベビーブーム時代に生まれた大学生・高校生、さらに都市化と高度成長で流入した都市部労働者たちによる、こうした大規模な抗議運動はもっとも、すぐに収束していった。他方で、日本の連合赤軍、ドイツ赤軍、イタリアの赤い旅団、フランスの革命的共産主義青年など、一九七〇年代には一部が過激化してテロ活動へと走る。前章で言及した「鉛の時代」として記憶されているこの年代は、新左翼の過激集団によるテロの時代の幕開けでもあった。

もっとも、女性の権利や労働力として流入してきた移民の権利、あるいは環境問題など、それまで無視されるか、等閑視されてきた争点が、政治的な問題として認知されるきっかけとなったのも、この一九六八年の「革命」があったからだった。

例えば、一九六〇年代には、スイスのように女性には参政権が与えられていない国がまだ存在し、さらに多くの国では妊娠中絶、女性の申し立てによる離婚も認められていなかった。同性愛が違法であるとする先進国も決して珍しくなかった。また一九七二年のローマクラブ『成長の限界』公刊に象徴されるように、地球資源の有限性や、経済成長による公害問題が大きく注目されるようになり、環境問題を担当する閣僚が任命されるようになったのも、この時代のことだ。西ドイツの高級週刊誌『デア・シュピーゲル』がはじめて環境問題特集を組んだのは、一九七一年のことだ。

現代の正義論の基礎を作ったアメリカの哲学者ジョン・ロールズによる『正義論』も一

九七一年に公刊されている。この著作もベトナム反戦運動や公民権運動など一連の「権利革命」を実現した現実社会への応答であり、個人に配分される価値として「自由」がなければならないと主張するものだった。第二章でみた「静かな革命」が進み、現代的な意味でのリベラルな価値は、この時代に生まれた。自身も六八年革命の当事者だった批評家の絓秀実《すが》は、この時代に『新左翼的な』文化はすでに常識的な心性と化して（略）エコロジカルに省エネを推奨するCMやセクハラへの嫌悪など、それは日常的な細部にまで浸透」したと証言する。同じようにフランスの六八年世代の代表的論者であるジョフランは、その後の社会での平等の意識や民主的価値の定着をみて「二〇年を要したものの（略）静かに凱旋したのは〈五月の文化的〉な側面」だったと勝ち誇る。もっとも、こうした個人的なリベラリズムへの反発の端緒がこの時代にあったことは、第二章でみた通りだ。

「反システム」運動としての六八年革命

そもそも、一九六八年革命はなぜ同時多発的に生じたのか。もっともマクロな説明は、社会学者ウォーラスティンのいった「反システム運動」に求めることができる。

ウォーラスティンは、歴史上「世界革命」と呼べるものはヨーロッパ各国で議会制民主主義が進展した一八四八年、ついで一九六八年の二つしか数えられないという。そして、ともに体制変革を実現しなかったが、それゆえに、その後の政治のあり方を大きく変えた、とする。日本では「諸国民の春」として知られる欧州各国の民主化が起きた一八四八年が、反専制と民族自決の原理に基づいていたのだとすれば、一九六八年の革命は、アメリカ主導で進んだ戦後システムに対する反乱であり、またこれを支えていた既成の左派政党や政治勢力への異議申し立てだったとする。彼は戦後を支えたこの二つの潮流を「ウィルソン＝レーニン主義」と呼ぶが、二〇世紀の原理となった民主主義と社会的平等という原理の不徹底さを告発するのが一九六八年の革命だった。これによって、戦後のリベラル・デモクラシーは、その内部から挑戦されるに至ったのだ。

ウィルソン主義への異議とは六八年革命を反戦・反ベトナム戦争の運動とみる立場であり、レーニン主義への異議とは社会の保守性に対する反乱とみなす立場だ。ウォーラステインによれば、この革命は旧来の左翼がベトナム戦争を止められず、労働者の地位向上を実現する代わりに政治的に穏健化していき、システム内の「無産者」であるエスニックマイノリティや女性の問題を無視し、そして政治家も自らが拠って立つイデオロギーに無批判なことの「罪」を告発するものでもあった。つまり、保守的な政治はもちろんのこと、その現状を追認する既存の社民・左派政党も、新たな価値や態度を認めない旧体制の政治勢力とみなされたのである。六八年革命を「見出せない革命」と批判したフランスの自由主義者レイモン・アロンもまた、六八年革命は近代的な官僚的合理性とソビエト的な生産主義の打倒をめざすものだったとしているが、この時代にこそ新たな争点群が噴出するようになった。これはまた、第二章でみたように、今の社民政党が労働者層にそっぽを向かれていることと類似の状況といえるが、しかし今ではこの層が権威主義的である点で方向性を異にしている。つまり、同じ発生源と現象を伴いつつ、過去のリベラルと現在の権威主義という、志向性を正反対にする潮流が生まれているのだ。だからこそ、この時代を理解することは、現下のリベラル・デモクラシーの動揺を理解するうえで欠かせない。

六八年革命の担い手となったのは六〇年代から七〇年代に青年期を迎えた戦後生まれ世代だ。一九五五年に一〇パーセントに過ぎなかった日本の大学進学率は、一九七〇年には三〇パーセントを超えるようになったが、この時代に大学進学率が急激に伸びたのは、どの国も同じだ。それはまた、自身の子弟が高校や大学に進んでも、教育費を負担することができるような余裕を各家庭が持つようになった結果でもあった（その後、日本を除く先進国の大学進学率は二〇〇〇年代後半からふたたび上昇する）。この「団塊の世代」（堺屋太一の命名）と呼ばれた戦後世代は、それまで社会の富裕層のみが享受していた高等教育を受け、「新たな階級」（経済学者ガルブレイス）として、文化や習俗に新しい価値をもたらした。だから、「革命」といっても、それは経済や所得をめぐる革命ではなく、文化や価値、アイデンティティをめぐる革命だった。ヒッピー、前衛芸術、フラワーチルドレン、フリーセックス、ドラッグ経験などは、不充分に終わったウィルソン（正義）＝レーニン（平等）主義を否定したうえで徹底しようとする意識でもあった。

六八年革命と個人化

冒頭で指摘したように、六八年革命は、デモや社会運動を新たな枠組みで説明する必要性を迫った。やや学説史めくが、以下ではこの時代の社会運動の特徴を説明するものを、いくつか列挙してみよう。

六八年革命を受けて出てきたのが「新しい社会運動」という理論だ。それまでにも人びとが集って、大々的な抗議運動やストライキなどをすることはあった。しかし、それは二つの点において「古い」ものとされた。一つは、それらが第二章でみた物質主義的価値観、簡単にいえば賃金や雇用などをめぐる「量」の拡大を求めるものだったのに対し、「新しい社会運動」は、自らのアイデンティティや自己決定権など「質」の向上を求めるものだった。階級政治は衰退し、新しい社会運動への道が拓かれる。

もう一つの新しさは、それが組織や上からの「動員」ではなく、個人による下からの「参加」によるものだったことだ。

一九七〇年代は、代表やエリートの権威や能力を疑問視し、直接民主主義の議論が盛行をきわめた時代だったが、その背景には労働組合や政党など、既存の組織集団による要求では汲み取ることのできない、人びとの欲求や欲望を実現することへの希求があった。当時のスローガンを借りれば「個人的なことは政治的なこと」へと化した。「新しい社会運動」は、哲学者ハーバーマスの言葉を借りれば、政治が「再分配の経済からさまざまな生活の文脈」を意味する転換点を用意し、社会学者ベックによれば「政治的決定にその都度個人が参加」するような「サブ政治の全面化」を準備した。それゆえ新しい社会運動は、反戦、女性解放、環境保護、民族自決、住民運動、反原発、消費者、自主管理など、まさに世界革命と呼ぶに相応しい、多種多様な運動として展開されることになったのである。

第三章でみた過去の歴史に対する裁きと歴史認識問題の重視も、この新たな世代によってもたらされた。とりわけ日本や西ドイツの旧来の左翼は、自国が戦争被害者であるとの認識を強く持っていたが、戦後世代の台頭は、世代的な断絶に加え、反戦意識も加わり、自国の加害者としての側面を強調するようになった。是非は別として、「歴史修正主義」や「自虐史観」の立場のように、これが新たな政治的対立を生んだことは、見た通りだ。

この時代以降、それまで政治の問題とされていなかった、女性やマイノリティの権利、自分の働き方や生き方は自分が決めることができるという自律の要求、そのための条件である自然や環境保護なども、重要な政治的争点のひとつとみなされるようになった。
こうした価値観は、戦後のリベラル・デモクラシーによってもたらされた。

先のウォーラスティンは「概して、支配的集団（年長世代、男性、「マジョリティ」）の命令に対して、一九六八年以前よりも従属的集団（年少世代、女性、「マイノリティ」）が従ってくれることが少なくなった」と、集団的な対立が、世代的なそれへと移行していったと述べている。例えば、日本では一九四六年五月に『新教育指針』が順次発表され、そのなかで定められた「小学校社会科学習指導要領補説」では「その時々の事態に応じて適切に処理すること、建設的に協力すること、他人の権利を尊重すること、疑わしい意見や正しくない意見とたたかうこと」が民主的社会の条件とされ、一九四八年から五三年にかけて中高生に配布された副読本『民主主義』では、個人が自分の頭で物事を判断し行動することこそが大切だと説かれた。こうした民主的な態度と意識のなかで育った人びとが青年となれば、当然、彼らは「リベラル」な意識を持つようになる。敗戦した日本や（西）ドイツでは、リベラル・デモクラシーの価値が英米によってもたらされたことは否定できないが、民主的な価値が両国の市民によって歓迎され、積極的に摂取されたのも事実である。そのリベラル・デモクラシーが価値として花開いたのが一九六〇〜七〇年代だったのだ。

新しい社会運動

「新しい社会運動」という言葉を発案した社会学者アラン・トゥレーヌは、現代社会は本来ならば個々人が決めるべき価値や規範を、「プログラム化社会」がすでに規定してしまっており、それに対してついていけない／違和感を持つ人びとが「疎外」されていることから、その修正を要求する意識が新しい社会運動となって表れると説明した。つまり、「新しい社会運動」は、アイデンティティにまつわる個人的なものを基盤にしていた。トゥレーヌの使う「階級」は、経済的・社会的な実態を持つものではなく、社会運動を担う「主体性」の自意識を指す言葉へと置き換えられた。

こうした観点をより徹底して、新しい社会運動を説明しようとしたのがトゥレーヌの弟子、イタリアの社会学者メルッチだった。彼は、新しい社会運動が文化的な価値やコード（規範）を対象とするものであるかぎり、トゥレーヌがいう以上にそれは未定型で流動的なものであり、個々人のアイデンティティや価値観が複合的に重なることで集合的アイデンティティがもたらされるとした。「集合行為への参加は、個人的欲求に直接反応したときはじめて、個人にとって意味あるものとなる」――すなわち、個人は集団の一員として社会運動を展開するのではなく、個人的な欲求がまずあって、それを満たすことで集団は生まれるとした。だからこそ、安保法制に反対した人は「市民」というのぼりをかかげたのだろう。こうした社会運動のかたちは現在のＳＮＳを介した動員や運動に適合しており、前章でみたテロと同じように、多発的で分散的な「ウーバー」的な社会運動を生み出す条件ともなる。二〇一九年夏から先鋭化した、香港の逃亡犯条例改正案反対と民主化を求めるデモは「水の革命」と呼ばれたが、これは「テレグラム」といった暗号化されたＳＮＳを駆使して、自発的な参加者が情報を瞬間的に共有、有機的に連携することをめざすものだった。

そこで共有される目標は、何かを獲得したり、制度や法律を変えたりすることだけではない。社会が構成してきた様式やコードそのものに疑義を投げかけ、それに代わる新しい様式とコードを作り上げる前提条件を創造することにある。例えば、車が環境汚染の元凶だとして、車の利用者を非難するのではなく、自転車に乗ることの気持ちよさや格好の良さをアピールするといったように、だ。このことは、新しい社会運動が何か具体的なことを実現するよりは、何か共有されたイメージを提示することを目的とするものであることを意味する。歴史認識問題を作ったもののひとつに「構築主義」、すなわち社会をどのように作るのかではなく、社会がどのようにイメージされるかが大事だとする考えを第三章で紹介したが、その発想の歴史的起源も、この時代に求められる。その対象が個人と社会のみならず、国家の歴史の領域にまで伝播していったのが歴史修正主義だった。

「内閉した人間」の誕生

メルッチが他所で指摘しているように、こうした運動が個人の欲求を前提としているのであれば、社会運動は「社会」の運動というよりも、「個人」の運動となることを運命づけられている。社会学者イーエギが当時のドイツの学生運動を描いた小説で、「概念の一杯詰め込まれたあなた方の言葉は現実をみていないのよ。（略）社会学の悲惨なところは、集団的な言語しか扱えないことよ」（『ブラントアイス』）と学生が訴えるシーンがある。集団的なものが忌避され、個人的なことこそが正当性を持ったこの時代の雰囲気をよく伝えている。

それでは、個人を基礎とする社会は社会の名に値するのか。それで平等な社会は実現できるのか——ポスト六八年革命に突入していく議論は、根源的な問いをつきつけることになる。

保守政党はもちろんのこと、共産党をはじめとする左派政党も六八年革命を警戒したのは、支持組織たる労働組合への影響力が減ることを恐れただけでなく、それが階級に基盤を置く集団的な闘争よりも、私的な利益を前面に押し出すものだったからだ。そこで個人は「労働者」ではなく、それ自体が多種多様な利害を持つ「個人」へと還元されることになり、政治に新たなコードを持ち込むためだ。

それまでの政治はといえば、社会や国家に関わる営みがイメージされるのが当たり前だった。それが六八年革命を経て、政治は個人に関わるものとしてもイメージされるようになった。「正しいかどうか」ではなく「当事者であるかどうか」、「集団的な利益」ではなく「個人のアイデンティティであるかどうか」こそが、政治的な動員の原動力となっていく。「何をすべき」かの問題ではなく、「誰がするのか」という争点が台頭したといってもよい。加えて、イデオロギーのような全員に関わるものは、集団主義や画一的思考を意味するものとして棄却されるようになった。

それゆえ、この六八年革命の「個人的なことは政治的なこと」というスローガンは、「政治的なことは個人的なこと」へとすり替わっていく。この六八年革命を機とした「公と集団」の「私と個」への転換を、社会学者リポヴェツキーは「階級意識」が「自己意識」へ、「政治意識」が「ナルシシズム」へと移行する過程だったとする。先のメルッチも、新しい社会運動の有する「ナルシスティックな退行の危険性」を指摘することを忘れなかったが、自らに関わる個人的なことにしか関心を持たない個人（個人的なことこそが重要なことであるから）は、リポヴェツキーのいう「ホモ・クラウスス」（内閉した人間）となる可能性を秘めることになった。彼は、個人的なことにしか囚われなくなった人びとからなるこのような社会では、社会でみられる有形無形な暴力に対し、個人はむしろ脆弱になり、抑うつや自殺未遂の数を増やしていったと診断する。

こうした現代社会の一般的特徴が宗教原理主義へと傾斜する原因となっていることは、前章でみた通りだ。

「ニューライト」の源泉

リポヴェツキーは、こうした新左翼的な政治がもたらした新たな価値観の政治は、そのまま現代の権威主義的な政治に引き継がれるという、第二章で確認したことをやはり指摘している。そこでは二〇〇〇年代になって急伸するニューライトによる権威主義政治は、一九六八年五月の革命に対する反革命であり、その一例として日本会議にも言及したが、こうした共鳴現象は日本に留まらない。

フランスの二〇一七年の大統領選では極右政党FN（国民戦線、現国民連合）のマリーヌ・ルペンは、新人のマクロン候補と決選投票で一騎打ちを演じたが、このFNという政党も、もとを辿れば一九六八年の新左翼運動と対立し、反共主義・植民地維持を唱えた集団「新秩序」を母体としている。ドイツのAfDの中心メンバーの多くも、この一九六八年革命の際に嫌悪感を持っていた人びととされる。ドイツの保守政党CSUの右派政治家として知られるドブリント運輸相は、一九六八年世代に対する「保守革命」を二〇一八年に唱えている。ドイツでいう「保守革命」とは、反ワイマール共和国勢力のスローガンだ。

こうしたニューライトの思想は、一九六八年革命の価値と真逆を志向しつつ、その発想は似通っている。

リベラル知識人クラステフは、個人に対する承認ではなく民族／共同体に対する承認を、マイノリティの権利擁護ではなく多数派の権利擁護を、多文化主義の尊重ではなく国民共同体の尊重を求めていることに現在のポピュリズム勢力の特徴をみる。つまりニューライトとリベラルな価値は、アイデンティティと集団規模の大小の違いはあっても、その承認のための新たな文化的コードを求める点で同じなのだ。そして、この新たな承認要求を共同体レベルで求めて生じるのが歴史認識問題であり、個人レベルで求めるのがポスト世俗化時代の個人であり、それらが新しい争点となっているのだ。

個人に価値を置くリベラルの主張を換骨奪胎する思想は、カール・シュミットのような一九二〇年代の思想家にもあった。第一次世界大戦後にオーストリア＝ハンガリー帝国が解体され、民族の自己決定権のもとハンガリーやポーランドといった新しい国民国家が生まれたこの時代に、国内の少数派の権利が認められるのであれば、国際社会において（ドイツという）国民共同体の権利も同様に認められなければならないと彼は主張していた。

「反－人間主義」へと転化するリベラル

六八年世代に代表される日本の新左翼は「ミドルクラス・ラディカリズム」だったと判断する政治学者・大嶽秀夫は、天皇制ファシズムを経験した歴史を持つゆえ、日本では国家や集団からの「解放」が強く意識されていたという。個人を超越するメタな物語を否定する六八年革命は、日本や西ドイツにおいては、国家は過去にネガティブなメタ物語として機能した経験を持つゆえ、強い否定の対象となった。

もっとも、集団や組織が否定されて個人が優先されれば、その個人の間を取り持つのは赤裸々な権力関係でしかない。人間関係を左右するのが暴力でなければ、後は社会的資本(教育や人的ネットワーク)や経済的資本(財産)が権力関係を左右することになる。前章でのウエルベックの指摘のように、個人によって構成される社会は、個人の間に不可避的に横たわる不平等を埋める制度や手立て、組織を失うことになる。

哲学者のフェリー／ルノーは、多くの論争を呼んだ『六八年の思想』という著作で、六八年革命は当時の個人にとって邪魔であったところのもの、すなわち国家と階級社会(ウォーラスティンのいう「ウィルソン＝レーニン主義」)を駆逐することを目的にしていたとする。

しかし、戦後リベラル・デモクラシーの基盤を作った国家を否定し、再分配の前提だった階級すらも否定してしまえば、資本主義や市場に対する防波堤は瓦解することになる。

先にみた個人の行動様式や思考様式のコードの書き換えをめざすのが社会運動だとするメルッチの議論は、当時流行ったポスト構造主義を下敷きにしているが、彼は社会とは「事実的な束縛」(傍点原文)からできあがっているもので、それゆえ、その束縛を解除すれば個人の欲望は解放されるという世界観を持つ。もっとも、フェリー/ルノーによれば「主体は個人が王座につくと死んでしまう」(傍点原文)。「個人」が「主体」となることを手助けするもの、具体的には自らの身体や思考を自律的にコントロールすることを可能にする制度や組織の原理そのものを否定してしまえば、人間は丸裸な存在と化す。そのなかで生存できるのは、制度や組織に相対的に依存しなくても済む個人、すなわち社会的、経済的な資本に恵まれた個人だけということになる。第二章で言及した「リベラル・コンセンサス」、あるいはピケティが実証した「複合エリート」による権力の独占は、こうして完成させられる。だから、フェリー/ルノーは、六八年革命がめざした個人主義は、むしろ人間が人間たり得るための条件を破壊する「反-人間主義」的なものだったと批判した。

戦後世代(一九四三年生まれ)の社会学者セネットは、「私の青年時代に蜂起した若者たちは、組織が解体されれば共同体が生まれると信じていた。(略)組織が解体されても、結局、多くの共同体は生まれなかった」と、悔恨を込めて述懐している。六八年革命は経験や物語を生まず、短期的な順応と過去の経験の放棄にしかつながらなかったという。第三章でみたアルヴァックスの指摘のように、組織や集団があって、個人は経験と物語の意味を獲得する。新たな共同体が生まれるのでなければ、個人は自らしか寄る辺や頼るものがなくなり、終わりのない不安に駆られ、終わりのない不安は際限のない個人間の競争の結果を生み、そしてテロが生まれたり、共通の過去の希求が促されたりすることになる。

政治学者ハンチントンも、一九六〇年代にこの時代の政治の大きな変化について議論しているが、それはイングルハートによる「脱物質主義的価値観」のような楽観的な解釈ではなく、「脱ブルジョワ的価値」の実現を試みつつも、これを代替するような新たなイデオロギーを持ち得なかったとの否定的な評価を下す。そして、それはウォーラスティンのいうウィルソン゠レーニン主義の否定をめざしつつ、皮肉なことにそれを徹底することになるだろう、とした。「国家」と「平等」の組み合わせは、今、権威主義政治として生まれつつある。

「政治的引きこもり」のはじまり

ハンチントンは、人びとの政治参加を求めるうねりは止めようがないとしつつ、それが拡大していくのと比例して、結社や協働を可能にするような制度的発展が不可欠であるはず、と説いた。なぜなら、そのような発展が参加に比して遅れると、集合的な行動を統御するため、より強権的な政治が必然的に呼び込まれるからだ。

彼が引用するトクヴィルは、一九世紀アメリカ社会で観察した個人主義を定義して、それは一人ひとりの市民が集団から離れ、自分仕様の小さな社会に引きこもって、大きな社会のことを考えなくなる、静かな感情のことだとしている。六八年革命はその政治性を失ってから、「政治的引きこもり」を生んでいくことになる。先のリポヴェツキーのいう「ホモ・クラウスス」の誕生だ。

事実、多くの先進国では、一九六〇年代後半以降、議会選挙における投票率低下や議会や政党への不信が高まっていく局面に入っていった。OECD諸国（北欧を除く）に限ってみると、一九六〇年代後半から二〇〇〇年代前半にかけて、各国の投票率は平均で一〇パーセントほど低下していっている。

なぜ投票率は下がりつづけているのか。選挙でどのような争点が戦われるのかなど、その時々の状況にもよるものの、投票率の継続的な低下は構造的なものだ。先進国の政党の党員数の推移をみても、一九六〇年代後半から劇的に減少し、二〇〇〇年代には当時と比べて七割も減少している。六八年革命によって、保守政党はもちろん、左派政党も、既成政党として批判の対象となったことで、政党を通じた政治活動は減退していくことになる。

ここで観察されるのは、社会的な問題が個人化されたことで、政治参加の水準が衰退していくというパラドクスだ。そして、政治に参加しないかぎり、個人の問題は解決されず、個人にさまざまな負担やリスクが押しつけられるような悪循環が生じることになる。抗議の意思は示せても、個人に関わる社会的な問題は解決されないため、人は政治に参加するインセンティブをますます失うようになる。

投票率の低下と並行して先進国でみられたのは、政治不信の高まりだ。例えば「政治家はあなたのような人間を顧みているか」という設問に対して「顧みている」と答える有権者は、アメリカでは六〇年代の七〇パーセントから二〇〇〇年代には四〇パーセントへ、フランスでは五〇パーセントから二〇パーセントへと低下している。政党や中央政府、議会なども信頼しないとする有権者は多くの先進国で増えており、なかでも政党を信頼していないとする有権者は、どの国でも約七割にのぼっている。

フェリー／ルノーが、個人的な原理を通じて社会が解体されたことで個人は自らを守る制度や組織をも解体してしまったと指摘したことを先に紹介したが、個人が社会の問題を集団的に自らの手によって解決する行為（投票や政治参加、新たな組織集団）を手放してしまえば、問題解決のための手段を失い、民主主義は機能しないことになる。社会の個人化は結果的に「消費者民主主義」や「お任せ民主主義」、あるいはポピュリズム政治を招き寄せる。

もちろん、六八年革命を経て、投票や党員といった伝統的な政治参加とは異なる、デモやロビイングといった新たな政治参加のかたちも生まれた。それは現在でも社会問題に対するネット上やSNSによる拡散や署名運動、クラウドファンディングといった参加の形態へと進化している。しかし、それは新たな公的な制度や組織へと必ずしもつながっているわけではない。

トゥレーヌは、六〇年代以降に生まれた個人主義には二つの潮流があると指摘していた。ひとつは、「個人の属性」(ジェンダー、民族、人種、世代など)から個人を解放する個人主義であり、もうひとつは、その個人が自由なことをできる「行為としての個人主義」だ。リベラリズムの分類でいえば「からの自由」と「への自由」という二つの類型だ。そして前者は成し遂げられたが、新たな自由の行使は、制度や組織に向かわず、新自由主義(ネオ・リベラリズム)へと向かうことになる。

「新自由主義」との接合

六八年革命は組織と集団を否定し、個人を解放し、これに原理的に反発するニューライトを生むに至ったことは、これまでにみてきた。しかし、新左翼とニューライトという対立軸の間隙を突いて一九七〇年代後半から八〇年代初頭にかけて誕生したのは、新自由主義だった。

新自由主義が意味するところは多様だが、ここでは「私的所有権、自由市場、自由な交換を制度的基盤に置いて個人の企図的な自由とスキルを解放する政治経済政策についての理論」（デヴィッド・ハーヴェイ）と定義しておこう。個人を社会の単位として、その個人の能力を最大化させることで、市場と社会の活力を取り戻すのが新自由主義の戦略だった。

新自由主義が理論的、政治的に台頭したのは、一九七〇年代の二度の石油危機とブレトンウッズ体制崩壊によって先進諸国が景気停滞に見舞われ、財政赤字を膨らませる一方、高インフレと高失業率に対する有効な打開策を見つけられなかったためだ。こうした経済構造の変化がまた社民政党の足元を切り崩していったことは第二章でみた。ただ、新自由主義を裏から支えたのは、経済上の要請だけではなく、六八年革命の残滓である、個人化した社会だった。

一九七九年、イギリスではサッチャー保守党政権が誕生するが、そのサッチャー首相が「社会なんてものは存在せず、あるのは男と女という個人と家族」と語ったことは有名だ。この女性誌でのインタビューで、彼女はつづけて「政府はこうした人びと抜きに何もできないが、こうした人びとはまず自分で自分自身の面倒をみなければならない。そして自分自身の面倒をみることができて、はじめて隣人の面倒をみることができる」と述べている。サッチャーは、一九九〇年に首相の座を降りるまで、五回にわたって労使関係法を改編、労働組合の影響力を徹底的に排除しようとした。そのなかでストライキの投票をそれまでの組合単位から個人による秘密投票とするように決めたのは、階級よりも個人をアイデンティティの源とした社会への対応でもあった。やはり第二章でみたように、一九九七年に政権交代を果たすニューレーバーも、党大会での方針決定に際してのブロック投票制（組合票の加重平均）を廃止し、一党員一票という改革をおこない、労働組合の自党への影響力を排除した。

つづく一九八〇年代はアメリカのレーガン政権、日本の中曾根政権と、日米欧で新自由主義的な性格を持つ政権が誕生したが、それはまた六八年革命から一〇年以上が経って、個人であることが当たり前になり、他方で従来の政治参加が低調になっていった時代の必然でもあった。

七〇～八〇年代の新自由主義はまた、この時代に反ケインズ革命を成し遂げたオーストリア学派の思想的産物でもあった。ハイエクやフォン・ミーゼスといったこれら経済学者は、戦後の大きな政府やそれによる計画経済を戦前ファシズムと同様のものとみなした。それゆえ彼らの主張では、権力を制約することで達成される個人の自由が掲げられた。旧左翼の敵視、そして個人の自由の尊重は、そのまま裏側から六八年革命の理念を追認するものでもあった。

日本でも、左派による官僚制度批判や反増税という小さな政府路線への期待は、そのまま二〇〇〇年代の小泉政権による郵政民営化や行財政のスリム化といったかたちで実現されていった。新自由主義は、それまで国家が介入していたさまざまな領域からの撤退と、一方では市民社会の自律や官民の協働を促すことになるため、いわゆる市民派からも歓迎された。消費者主権は、市場の活力をもたらすだけではなく、反官僚制・反大企業の論理を帯びることになる。

西欧の六八年革命に批判的だった歴史家ジャットは、「『社会』を、私的個人同士の相互活動で出来上がる薄い膜のようなものへと縮小することは、今日、リバタリアンや自由市場主義者の野望になっている」と指摘していた。社会に必要とされる公共財（教育や医療といった社会的インフラ）が集団的な手段を通じて獲得されなかったため、市場と国家が一方的に強くなってしまったという。個人の自由には代償が伴う。自己責任の社会では、責任を果たし、責任を果たすだけの財や技能を有している者が生き残っていくことになる。

こうした視点でもって、労働社会学者ロベール・カステルは、個人主義と賃労働が（一八世紀のように）結びついてしまった状況では「負の個人主義」が広がっていくと述べ、その分岐点をやはり一九六八年に求めている。すなわち、戦後の平等社会のなかで、個人の権利や安全は財の多寡に関係なく、雇用によって保障されるようになったため、良い雇用は個人主義と自立を可能にするが、反対に劣悪な雇用は個人を自立できない境遇に置くことになる。だから、「社会が個人主義化すればするほどに国家が必要になる」。ウーバー化することを余儀なくされる個人を支える共同体がなければ、個人は個人であるゆえに、欠乏と欠落を経験することになるのだ。

こうした状況が雇用環境の劣化によるニューライト台頭や、民族・宗教的共同体からとを問わず承認を求めるテロの温床となる。学生運動家でもあった、作家の笠井潔の表現を借りれば、組織と集団から脱落した「空虚な個人」は、自己承認を求めて左右のポピュリズム運動の基盤を提供する。

この論点は、第一章と第二章でみたように、なぜワーキング・プアや没落する白人労働者（カステルの言葉では「この世に用のない者」）が、権威主義的な政治に傾斜しているのかを説明する。カステルが期待したのは、個人を生活リスクから守ることのできる「社会国家」の成立だったが、九〇年代の社民政治が変質してそれを可能にしなかったことで、代わって台頭したのは個人をグローバル市場やテロから守ると一方的に約束する、権威主義的なニューライトの政治だったのだ。

個人主義が推し進める資本主義

六八年革命が生んだ個人主義と消費資本主義は親和的な関係にある。

例えば、制服はこの時期から個人を抑圧する管理社会の象徴として認識されるようになった。九〇年代の社民政治を主導したのは六八年世代であり、これら社民党幹部も、それまで組合出身者が多数を占めたのが、高学歴エリートにとって代わられるようになった。日本でも、この時期に制服着用のルール（スカートの丈など）が理不尽な校則の事例として引き合いに出されることは珍しくなくなった。

もっともこの例をとれば、制服着用についてのルールと、制服があること自体とは分けて議論すべきだろう。制服は社会での個人の間にある不平等を覆い隠すものだ。義務教育は、かつての教会による教育では神の前で、近代国家によるものとなってからは法の前で、何人も平等であることを意味するものであったはずだ。

ヒース／ポターの『反逆は売れる』（邦訳は『反逆の神話』）は、戦後ベビーブーマーの子弟たちが学校に通うようになった九〇年代に制服廃止運動が全米で巻き起こり、その後子どもたちの多くが小遣いをファッションにつぎ込むようになり、ギャング文化の元凶となったため、制服回帰の現象がみられるようになったと指摘する。制服を廃止して、個人の自由な服装が許された結果、特に若者たちはブランドや流行に頼って自らを誇示するようになる。消費資本主義は個人の間の差異を付加価値とするから、終わることのない差異化がその原動力になる。同じブランドのスニーカーであっても、ちょっとしたモデルの違いが意味を持つようになって、企業はイメージ消費で収益をあげることになる。

ヒース／ポターは、BMWに乗ることが成功している医者の証だとして全ての医者がBMWに乗り換えたらそれは成功の証とならず、今度はベンツやロールスロイスに乗ることになって、同じ状況をくりかえし生み出して個人の財を奪い取ることに、消費資本主義の本質を見て取る。個人の差異化を原動力とする消費資本主義は、終わりのない「軍拡競争」なのだ、と。

彼らは、カウンターカルチャーが消費資本主義に取り込まれる必然性を暴くが、それは抗議や抵抗を個人的なものだとした六八年革命の精神が、組織的・集団的な抗議を忌避するからだ。もし社会が抱える問題があるならば、それは個人的かどうかに関係なく、社会的な問題として捉えられ、場合によっては権力の介入を通じてでも、解決されなければならない。しかし、消費資本主義は、抗議や抵抗すらも個人に消費させることによって、問題解決をむしろ遠ざけてしまう。不買運動を通じて反グローバル運動に参加しても、革命家チェ・ゲバラのTシャツを着て資本主義の欺瞞を告発しても、女性や男性が#MeToo

（米映画プロデューサー、ワインスタインのセクハラ行為を機に世界中に広まった性被害告発のＳＮＳハッシュタグ）とつぶやいたとしても、それは問題の提起であって問題の解決ではない。

例えばスポーツウェアで有名な「スポーツ・イラストレイテッド」誌は、二〇一八年七月の水着ショーで授乳する母親や乳がん患者などをモデルに採用したが、それだけで女性の地位向上や女性蔑視の視線がなくなるわけではない。それはアピールの場であり、企業ブランド価値向上の機会でしかない。解決には、それを可能にする権力とその権力を生み出す制度、つまりは大文字の政治がなければならない。そしてそれは、個人的な理由と個人の力だけでは調達されない。

ナチズムとしての新自由主義、新自由主義としてのナチズム

新自由主義とナチズムは性格を大きく異にするもののようにみえる。前者は市場と個人への信頼から自由を尊ぶ思考である一方、後者は国家や民族を市場や個人よりも優先させるとみなされるからだ。

もっとも、社会学者ル・ゴフは、個人を丸裸にして不安感で覆い、不安定な地位に追いやることで防衛的・受動的な存在に押しとどめ、他人や社会に対して振るわれる「悪」に対する警戒心を解除し、結果として悪に寛容な社会を作り出すメカニズムを内包している点で、ファシズムと新自由主義は同質だとする。

他人との共通性や紐帯が断ち切られ、個人が自分のみ（あるいは自分の問題のみ）に関心を集中させてしまえば、他人の問題や不幸は、自分との共通性を持たないかぎり、政治の対象とならない。他人との共同性（社会と言い換えてもよい）があれば、人は社会を良くすることが自分のみならず、他人の境遇を改善することも期待値として行動することになる。しかし、社会が喪失されてしまえば、自分にとって良いことは他人にとって良いこと、あるいはその逆を可能にする論理は失われてしまう。

ナチスが教会やギルド、労働組合、地域社会といった中世からの伝統を持つ中間団体を解体して個人を孤立させ、そのもとでナチズムに依存せざるを得ない全体主義社会を完成させたことで、統治を貫徹させたことはよく知られている。すなわち、向きは異なっているものの、新自由主義とナチズムが個人に及ぼす機能は――ニューライトと極左と同じように――似通っているのである。

結果として生まれるのは、人間間の直接の暴力的関係である。問題が個人的なものに還元されてしまえば、他人は関係ないと否定したり、攻撃したりするヘイトが可能となる環境が作られるからだ。

アメリカの超有名映画プロデューサーのワインスタインによるセクハラに対する告発が

瞬く間に映画業界に広がり、有名俳優を巻き込むかたちで性犯罪被害の訴えへと広がっていったことは先にも言及した。ツイッターでは#MeToo（「私も」）というハッシュタグが溢れ、二〇一八年一月のゴールデングローブ賞では全員が抗議の意味を込めて黒の衣装でレッドカーペットを歩いた。

しかし、これへの批判もあった。カトリーヌ・ドヌーブをはじめとするフランスの女流文化人や作家一〇〇名は、#MeToo運動は男性への敵意に満ちており、あまりにもセクシュアリティに敏感に過ぎ、それ自体としては多様であるべきはずの男女関係を損なうとした論説を同月に発表した。これに対して、そのような意見そのものが女性による女性に対する意見の封殺行為であり、女性が長い時間をかけて勝ち取ってきた権利を水泡に帰さしめるものだとするフェミニスト側の反論がすぐさま寄せられた。

こうした意見への賛否は脇に置く。もちろん、自己の身体やセクシュアリティは自己が決めるべきというのは当然であって、他人がそれを侵害することは許されない。そのことについて、社会的マイノリティや相対的弱者が個人の意見を表明する自由も絶対的な権利として保障されなければならない。自らの身体や属性、セクシュアリティについて、またその表現についての選択の自由が認められるべきであることは論を俟たない。

しかし、自己決定権そのものについての賛否と、その自己決定権による社会変革の成否は分けて議論しなければならない。つまり、個人の自由の次元と、社会において何が正しいのかの次元は、分けて議論される余地がなければならない。個人が幸せになることと、社会で正義がなされることは、地続きであるにせよ、完全に等価ではない余地が残る。仮に個人的なものが正義だとされてしまえば、それは語義矛盾であり、昨今の多くの論争がそうであるように、最終的に声が大きいもの、当事者性の強い議論、権力を奪ったものだけが社会的な正義として大手を振ることになる。それは結局のところ、不平等へと帰結するのだ。

イギリス保守主義の大御所マイケル・オークショットは、個人にとっての自由は、「即自存在」ではなく「対自存在」であることから導かれるとする。「体験」と「経験」の違いといってよいが、つまり、個人は自らのアイデンティティをそのまま体現することで自由になるのではなく、自らのアイデンティティがどのように成り立っているのかを主体的に理解することでもって、はじめて自由になるのだ。

オークショットと思想背景を異にする法学者サンスティーンも、自由とは好き嫌い以前に、好き嫌いやその根拠となる信念を形成することのできる自由として捉え直すべきという。自分の「好み」ではなく、「信念」を自分の手で作ることこそが自由だと定義されるべきだ、と。ここでいう信念とは、個人的なものではなく、社会的なものであることが条件となる。だから、そこにはじめて個人を超えた自由や正義がみえてくる。

例えば、自分が性的な、あるいは民族的なマイノリティだとして、ではそのマイノリティとしてのあり方はいかにしてもたらされたのか、その社会でマイノリティであることは何を意味しているのか、マイノリティはマジョリティの目にどのようにみえるのか——こうしたことを知り、理解することは、自らがマイノリティであることを一度相対化し、マイノリティであるという属性から自由になったうえで、何を選択するのかという主体性を取り戻すことになる。それは「個人が王座につく」のではなく、「個人と主体」との差異を、自らの手で埋めることを意味する。

アイデンティティに基づく社会的承認を求める時、そのアイデンティティが承認されるに値することを証明するため、それはあえて美化されたり称賛されたりする。マーク・リラはそうした考え方を「アイデンティティ・リベラリズム」と呼ぶ。

しかし他のアイデンティティとの差異や優位（あるいは劣位）を強調することで、それが他のアイデンティティと衝突することもあれば、個人がそのアイデンティティに囚われてしまう可能性も出てくる。これは第二章と第三章でみた、他人を否定することで自らを肯定する「捕食性アイデンティティ」の供給源となる。『歴史の終わり』で有名になったフランシス・フクヤマは、アイデンティティを前面に押し出す政治によって、社会的・経済的不平等の問題が後景に追いやられ、理性的な対話を阻むばかりか、これによってアメリカのトランプ右派によるアイデンティティ政治の逆襲を招いたと指摘している。

例えば、アメリカの警察官の黒人差別と射殺事件によって「ブラック・ライブズ・マター（黒人の命も重要だ）」というムーブメントが二〇一三年から広がり、コロナウイルス感染による外出禁止令で社会の構造的差別が表面化した二〇二〇年六月に再燃したが、ホワイトであろうが、ブラックであろうが、アジアンであろうが、あるいは黒人よりも劣悪な生活水準に甘んじているチカーノ（ヒスパニック系）であろうが、やはり誰の命も重要であることはまちがいない。個人のアイデンティティは唯一無二のものであり、代替できるものではない。しかし、ひとつのアイデンティティに固執してしまえば、他のアイデンティティと衝突する可能性が高くなり、共通の課題や問題に取り組むことが難しくなってしまう。だから多文化社会は福祉国家と折り合いが悪いともされる。ここでいう共通の課題や問題とは、例えば平均的な黒人家庭の収入が、平均的な白人家庭のそれと比べて七割程度に留まるという事実だ。

個人と集団の両立

日本は他の先進国と比較しても、規範意識（「こうあるべき」という意識）が強く、個人の自由に対する理解や寛容度は高くない。例えば「同性愛は許されるか」を問う国際意識調査では、日本で「絶対に許されない」としたのは二二パーセントだったが、これはドイツの一〇パーセント、フランスの一五パーセント、スイスの一〇パーセントと比べて高い（ちなみに宗教的規範の強いイタリアでは四七パーセント、アメリカでは三〇パーセント）。「売春は許されるか」という問いに対する否定的回答は、日本は六四パーセントで、フランス四一パーセント、ドイツ二三パーセント、イタリア五五パーセント、アメリカ四〇パーセントと、日本ではやはり売春行為への拒否意識が高い（「世界価値観調査」二〇〇五〜二〇〇九年）。

こうした規範意識は、その国の社会の価値観に強く左右される。日本は「他人に迎合するより自分らしくありたい」という自律性を重んじる価値観を持つ者は一六パーセントと、対象五七ヵ国のなかでも最低水準に留まり、また「人生は自由にならない」と不自由な思いを持っている人びとの割合も最上位に位置する。

こうした意識調査からは、同調圧力が強い一方、自己肯定感や自由の意識が低い社会の不自由さがみてとれる。日本ではデモに参加したことのある人は一割にも満たず、協働によって社会を変える個人が沈黙し、組織的・集団的な活動も低調なのであれば、社会の不満や不安は溜まる一方になる。個人が解放された後、それを持続させるためには、集団的で組織的な行動や、制度的な補完が伴わなければならない。個人と集団が敵対するのではなく、ともに両立しなければ、社会を変えることはできない。

政治学者の丸山眞男に、まさに分岐点となる一九六八年に公刊された「個人析出のさまざまなパターン――近代日本をケースとして」という論文がある。彼はここで、現代における個人の態度を四つのパターンに分類している（図1）。水平軸には、「政治的権威」への距離に応じて「遠心的」、「求心的」の極があり、垂直軸には結社の高低である「結社形成的」と「非結社形成的」の極がある。この二つの軸の交差から、個人はそれぞれ「自立化」、「民主化」、「私化」、「原子化」の四つに分類される。

これまでみてきた六八年革命は、このモデルでいう「私化」をもたらした傾向を持つ。これは「関心の視野が個人個人の『私的』なことがらに限局され（略）私化した個人の無関心の態度は（略）社会的実践からの隠遁」（丸山眞男）を意味した。こうして、あらゆる政治的権威を遠ざけ、あらゆる集団や組織（場合によっては国家や家族）を否定することは、一九七〇年代以降の政治参加の低調さと、つづく新自由主義の招来、そして権威主義政治の台頭を許容することになっただろう。

この四象限のうち「原子化」は、「公共の問題に対して無関心であるが（略）この無関心が突如としてファナティックな政治参加に転化」する性質を持つ。丸山はこの「原子化」が広がっていったのが一九〇〇年代、労働者の間で全面化したのがナチス登場直前のドイツだとしている。この時代は、第一章で紹介したエーリッヒ・フロムの言った、人びとが孤独に耐えられない「マゾヒズム」と他人を抹殺したいという「サディズム」の両極の共棲をもたらしていた。この原子化の過程を指摘したのは、新自由主義＝ナチズムの類似性を指摘した先のル・ゴフも同じだ。そして、国際的な意識調査では、他の先進国と比較して日本ではこの「私化」と「原子化」の意識を持つ層が比較的多い。

実際に、フランスのシンクタンク「政治革新財団（Fondapol）」による二五ヵ国（アメリカ、西欧、東欧、中東など）の青少年を対象にした調査（「世界の若者」二〇一一年）では、日本の一六～二九歳のうち、自分を「社会の一員」であると感じるとする青年は六四パーセントと、各国平均（七四パーセント）を下回る。さらに「自分の人生に満足している」と回答したのは四五パーセントに過ぎず（各国平均七七パーセント）、他方で「人は選択・行動によって社会を変えられると思うか」という問いに対して肯定的に答えたのは七〇パーセントで、これはアメリカの八七パーセント、EUの七六パーセントより低く二五ヵ国中ワースト二位だ。「政治団体の活動家になる

〔図1〕個人析出の分類
出典：丸山眞男「個人析出のさまざまなパターン」373頁

ことについて興味があるかどうか」という質問については、八四パーセントが関心がないと回答（三〇〜五〇歳では八六パーセント）しており、アメリカの七四パーセント、中国の六三パーセント、スウェーデンの七二パーセントと比べて、結社形成への意識が及んでいないことがわかる。

また、経済的な不満（日本七五パーセントに対して平均五九パーセント）や仕事への不満（同六〇パーセントに対して平均四三パーセント）も高い割合にある一方で、大学が無償であるべきか、健康保険が無料であるべきか、失業手当を受給する権利などについては、それを是とする割合は少ない。つまり、日本の青少年は自己を取り巻く環境に少なくない不満を抱いているものの、その状況を打破するための意識や手段についてはきわめて消極的であるという状況がみてとれる。これは、六八年革命の負の影響がそのまま継続していることの証左だ。

もし「私化」でもなく「原子化」でもなく、少なくとも「自立化」、さらに「民主化」への経路を辿りたいのであれば、いずれにしても組織や集団、「結社形成的」な志向を、個人の自由を押し殺さずに、取り戻さなければならない。

個人と集団は、どのように両立させることができるのか。

工業化と都市化が進み、人びとが伝統的社会から分離させられ、個人となるのが避けられない状況を迎えた一九世紀末、社会学の祖でもあるデュルケームは、個人が自律的になればなるほど、社会的な連帯が実現していかなければならない理路を説明した。なぜなら、人びとがそれぞれに異なる自らのことだけに専念するようになればなるほど、人びとは逆に自らの欲望や欲求を他人との協働を通じてでしか満たせなくなるからだ。人間の身体の器官がそれぞれ個別に機能を果たしつつ全体として生命を維持しているように、個人は個人になればなるほど他人との結びつきを強めていかなければならない（「有機的連帯」）。こうして、個人化が進むほどに新しい社会が要請されることになる。この必然は過去二世紀、変わっていない。

デュルケームは、人びとが個人であればあるほどに連帯を要することになるのは、単に経済的・機能的な要請ではなく、道徳的な意味合いも持つ、という。デュルケームの診断に従うのであれば、必要なのは発想を逆立ちさせることにある。すなわち、集団や組織が個人を否定していると捉えるのではなく、個人を成り立たせるものとしての集団と組織、地域や国家があるのだと。言い換えれば、個人の自律を否定する集団や組織、国家は民主的に作り変える必要も出てくる。このような相互関係のなかに集団と個人を捉えることができたとき、人は初めて自由を獲得する。

終章　何がいけないのか？

これまで共同体・権力・争点という三位一体の崩壊の現状と理由、その帰結を五つの事象から解き明かしてきた。そこで、これまでの議論をふりかえったうえで、これらに共通するものが何であるのか、最後に提示してみよう。今までみてきたリベラル・デモクラシーの動揺、政治的対立の構図の変転、歴史認識問題、テロとヘイトの蔓延、新たな社会運動のかたち、これらはすべて大きなうねりのなかにあるものなのだ。

五つの事象を貫くこと

第一章では、いわゆる「リベラル・デモクラシー」がなぜ後退していっているかをみた。二〇世紀後半は、特に冷戦崩壊以降なおさら、リベラル・デモクラシーが政治の原理として支配的になったかにみえた時代だった。しかし、実際にはリベラル・デモクラシーは制度としても実態としても理念上完成されたものではなく、二〇世紀半ばにファシズムと、後半にコミュニズムとの闘いに勝利したことで事後的に正当性を勝ち得たものだと指摘した。それが安定・成立していたのは、一九七〇年代をピークとする、分厚い中間層の存在ゆえだった。まさにコミュニズムとファシズムと闘争したという経験から、戦後はこうした政治的ラディカリズムを回避するために、経済リベラリズムを囲いこんで、政治リベラリズムを可能せしめた。しかし九〇年代のグローバル化による産業構造と雇用市場の変化が恒常化し、将来を悲観する層が多数になると、権威主義的なニューライトやポピュリズムを含む新たな政治的ラディカリズムが台頭するようになった。戦後に安定していた共同体はここに至って液状化し、内外の権威主義によって包囲されるようになった。

第二章では、それまで多くの先進国の戦後政治を形作ってきた「保守 vs.左派」という政治的対立軸が、いかにして「権威主義 vs.リベラル」へと移り変わったのかをみた。その基点は一九七〇年代に起きた政治意識の変化に求められ、そこでは階級を基盤にした政治に代わって、ニューライトを含む「ステイタスの政治」が台頭するようになった。一九九〇年代に各国の社民政党が「経済リベラル」へと変身したことは、第一章でみた中間層の没落に拍車をかけた。経済的な再配分と中間層の保護を存在理由としていた社民勢力をはじめとする左派が文化的・価値的にリベラルへと転じたことで、対峙する「保守」もまた文化的・価値的にリベラルへと接近していく「リベラル・コンセンサス」ができあがる。しかし「リベラル・コンセンサス」による権力は、これに取り残される人びとを生み出し、経済的かつ社会文化的に反リベラルな有権者を生むに至った。これが、ステイタスの政治を呼び覚まし、なぜトランプ大統領やイギリスのEU離脱などのポピュリズムが労働者層に支持されることになったかの説明となる。

第三章は、国と国、国民と国民、そして国内の人びととの間を切り裂いている歴史認識問題をみた。共通の歴史は、共有された認識と未来の土台となるものだったのが、逆に人びとを分断する要因になっており、問題は安全保障問題に比するまでになっている。その理由は、歴史と切り離すことのできない「記憶」の前面化にある。「公的な物語」としての歴史ではなく、「私的な歴史」としての記憶は、戦後世代が社会の中心となる一九七〇年代以降、親世代の戦争責任を問う姿勢、さらに民族的マイノリティの記憶の重視などと相俟って、国家間、イデオロギー間の新たな争点となった。戦後世代が主流となり、さらに冷戦が終わってからは、ショア（ホロコースト）のように、リベラル・デモクラシーと社会主義／共産主義との対立の影に隠れていた過去の記憶がせり出すようになる。

歴史学における「記憶」研究が示すように、公的な歴史と私的な記憶は、地続きにある。しかし、歴史に本来的に備わっている「忘却」という側面を捨象して、個人や集団が記憶に留めたいものだけを記憶する集合的記憶が当たり前になれば、歴史は人びとが共有できるものではなく、人びとを分断するものとして作用することになる。

剝奪感を抱いているのは旧中間層だけではない。民族的多様性が加速するなかで先進国の若者、とりわけ移民第二世代にとって、ポスト産業社会の本格化は社会的承認や上昇の機会からの剝奪を意味している。第四章で試みたのは、このことが文化的・価値的に彼らを不安定にさせ、イスラム原理主義テロやヘイトクライムに追い立てているという新たな争点の理由を探ることであった。

ポスト9・11のテロ、さらにヘイトクライムを含むラディカルな暴力的行為が広がっている背景には、「ウーバー化」する現代社会がある。教会や宗教指導者の権威が消滅し、信仰の理由や教義の解釈は個人に任されるようになった。過去には宗教が人を操作していたのに対して、現代では個人が宗教を自分のために利用している。宗教的な原理主義の台頭は、伝統的な信仰のあり方から個人が離反したことで生まれているのであって、それゆえ、単に宗教を非難あるいは抑止しても、問題がなくなるわけではない。

この「ポスト世俗化」の傾向は、個人が伝統的な集団（階級、宗教、地域、ジェンダーなど）から解放されればされるほどに、不安定で脆弱な存在になり得るという現象と同様だ。第五章では、その歴史的起源として、一九六八年からの社会運動、いわゆる「新しい社会運動」とその予期せぬ余波に焦点を当てた。

社会運動は、人びとの間で新たな紐帯を作り上げることを可能にする。しかし、この時代の個人化へのベクトルを内包させた社会運動は、戦後の階級政治が終わり、個人の差異化を原動力とする資本主義と消費社会が勃興したために、新自由主義を招き寄せ、人びとを政治的に武装解除するという逆説をもたらした。結局、社会運動が個人と個人のアイデンティティを基礎的なユニットとして自己決定の拡大だけを望むのであれば、人と人が協働して何かを実現していくきっかけは提供されないままとなる。協働の契機を持たないままに私化された個人は、むしろ弱い存在、そして非民主的存在へと追いやられてしまうことになるだろう。

新しい見取図

これまでの議論を整理したところで、それらがどのように関連しているのかを、具体的にみてみよう。

くりかえしになるが、それぞれの事象は（各章で他の章への言及があるように）、独立して生じたわけではなく、相互につながっているものだ。見取図にすると以下のようになる。

第一章の戦後のリベラル・デモクラシーの均衡喪失は、第二章で扱った階級政治の崩壊とこれに基づく政治的対立軸の変化と関連している。政治的対立が階級から離れ、経済的次元よりもリベラルという価値的・文化的次元に依拠することになれば、当然ながらこれに対抗するものとして権威主義的な価値・文化を掲げる政治が出てくる。現状に不満を抱える人びとを動員するのが政治だからだ。

こうした状況を作った「リベラル・コンセンサス」の母胎となったのは、第五章でみた一九六八年の学生・労働運動による社会運動でもあった。個人を抑圧する集団や組織からの解放をめざし、個人のアイデンティティの尊重と自己決定権の強化をめざした「新しい社会運動」は既存政治をも変え、消費社会と新自由主義に親和的なものとなった。そして自己決定権や多文化主義尊重を訴える政治は、それに対立するものとして、第二章でみたような権威主義的な政治を招き寄せる。ヨーロッパでも日本でも、現実政治で権威主義的な価値観を訴える中心にいるのは、六八年以降の当時のリベラルな価値観や世界観に反発していた人びとや集団である。

第四章の歴史認識のところで言及したように、過去の歴史について価値判断を求め、歴史に道徳性を求めるようになったのも、一九六八年に学生・労働運動の中心となった戦後世代だった。これは、国家的・集団的な歴史よりも、個人やマイノリティの記憶が優先される契機となった。

もちろん、過去を裁いてはいけないということではない。それなくして、国や集団が反省し、その反省を未来に活かすことは可能にならないからだ。しかし、他方で共通の歴史や歴史的な和解は忘却があってはじめて実現される。過去に遡及して道徳的正しさを求めることは、第一章で紹介したような非リベラルな民主政治に、自らの記憶こそが正しいという言質を与えることにもつながってしまう。

個人を基礎とした社会や世界観、さらには多文化主義を認めるリベラルな政治は、他方でこうした個人を支える文化・社会資本に劣る移民二世を中心とした市民をより脆弱なものとし、宗教原理主義やラディカリズムへと追い立てるような状況になる。

それぞれの結びつきは、状況的なものもあれば、歴史的なものもある。以上の説明は、先進国全般にみられる新たな力学を、より良く把握できるように図式化したものだ。まとめるならば、戦後にできあがったリベラル・デモクラシーの核となった中間層は六八年以降の学生・労働運動とグローバル化によって解体され、それに付随してリベラルな価値観・文化的価値に基づく政治が生まれ、これに対する反作用から、政治のコンテンツそのものの変遷が歴史認識問題やテロとして生じているというものになる。

五つのリベラリズム

政治は作用と反作用からなる。作用する主体や次元が変転すれば、それに呼応する反作用も新たな性質を帯びる。既存の政治がリベラルという価値に軸足を置けば、それへの対抗軸は非リベラル、反リベラルなものとなる。その事実を認めないかぎり、次の時代の政治は見えてこない。権威主義的なニューライト、保革政党によるリベラル・コンセンサス、歴史認識問題、宗教的ラディカリズムやヘイトはともに、リベラリズムと呼ばれる潮流が内在させてきた本質の副作用とみることができる。つまり、リベラリズムは、自らの勝利によって、自らに対する敵を作り上げてしまったのだ。

日本でも流行しているかに見えるリベラリズム批判は、それが権利ばかり主張している、ナショナルな価値を等閑視しているといった論点に偏重して、リベラルなメディアや言論の政治的スタンスや価値観（人権擁護や護憲）の揚げ足取りに終始している。どの国でも同じだが、政治意識を持っている層が高齢化していることを考えると、このこと自体、一九六八年世代の政治的対立が再燃していると見えないこともない。リベラルな価値が「戦後レジーム」によってもたらされたとの主張も、反米保守と反リベラルが共同戦線を張り、ナショナルなものを重視する保守言説の再生産に寄与している。

ただ、本書はこうしたリベラル批判に与しない。リベラルな価値を手放したところで、それを代替する何かができあがるわけではないからだ。そこで、迂遠なようにみえるかもしれないが、リベラリズムと呼ばれる政治的潮流と、共同体・権力・争点の変遷がどのように関係するのかを説明してみよう。

まず「リベラリズム」と呼ばれる思想や態度が、きわめて多様であることに注意しなければならない。例えば「リベラルな価値」というとき、それは個人の自由や権利を重視する立場のことだが、「ネオ・リベラル」といえば、個人の選択や市場重視の立場を意味する。戦後長らく、特に日本とヨーロッパでは「リベラル」といえば反共主義の代名詞であった一方、イギリスでは社会権の拡大こそが政治リベラリズムの意味内容だとしたL・T・ホブハウスやT・H・マーシャルらの思想は「ニュー・リベラリズム」と呼称された。つまり、リベラリズムそのものが多面的な意味内容を持ち、場合によっては相互に対立する原理を内包しているものなのだ。

ここでは、思想史が専門のイギリスのマイケル・フリーデンによる整理を借りよう。この整理によれば、リベラリズムは大きく言って歴史的に五つの層（レイヤー）に分けられる。

歴史的に最も古いリベラリズムのレイヤーは、ロックの社会契約論に代表される、王権に対する個人の抵抗権や所有権を守ろうとする潮流から始まる。イギリスでは一七世紀の権利憲章、フランスでは一八世紀の人権宣言に結実するが、この潮流はその後の権力分立や多数派支配の警戒など、日本でいえば立憲主義的な考えを重視するリベラリズムの源泉となっていく。ここでは、この流れを第一章で定義した「政治リベラリズム」と呼ぼう。

ここから派生する二つ目のレイヤーには、商業や取引、貿易の自由を唱えるリベラリズムがある。ブルジョワ・イデオロギーと同一視されることもあるが、イギリスの帝国主義を先導したのは、こうした「リベラルな帝国主義」でもあった。市場を中心とした自由、という考えは新自由主義のような、経済活動や所有権を重視するリベラリズムと親和的である。このレイヤーのことを、第一章と第二章でみた「経済リベラリズム」としておく。

第三のレイヤーには、個人の能力を信じ、それは開花されなければならないという、個人主義を擁護するリベラリズムの系譜がある。第一のリベラリズムが公的権力に対して私的領域を守ることに関心を寄せたのに対して、J・S・ミルに代表されるこのリベラリズムは、個人の能力はその個人によって自由に行使されなければならないとする、外向きのリベラリズムといえるだろう。これを、第五章でみたような「個人主義リベラリズム」とする。

以上のリベラリズムは、二〇世紀に入って社会主義やコミュニズム、ファシズムとの対立のなかで存在感を高めていった。それらはいずれも個人の私的領域を認めず、私的所有権や商業の自由を否定するものだったからだ。もっとも、戦後になってこうした対立から、リベラリズムは進歩的な概念としての立場を強めていく。

戦後の新たなリベラリズムが作った第四のレイヤーは、社会は人為と人智でもってより良くすることができるという信念へと結実する。これは社会保障や教育の重視、市場の規制などの政策を生む一方、人権が守られる社会を志向する考えにつながっていく。アメリカの文脈でいう「大きな政府」をめざすリベラルの立場に近いが、ここでは「社会リベラリズム」としておく。

最後の第五のリベラリズムのレイヤーは、一九六〇年代に生まれたもので、これが特に民族や宗教、ジェンダー的なマイノリティの権利を擁護し、寛容の精神を説く流れだ。個人のアイデンティティ（それ自体にはいろいろなものがあり得る）を核として、それが尊重されなければならないとするこのリベラリズムは、現代日本で想像される「リベラル」に最も近いかもしれない。第四章と第五章でみたこのリベラリズムを、「寛容リベラリズム」と呼称しておく。

リベラリズムとその不整合

では、共同体・権力・争点の三位一体の崩壊は、この五つのリベラリズムとどう関係するのか。これまでの章で指摘してきた五つの現象は、五つのリベラリズム相互の不適応の結果なのだ。

まず、リベラル・デモクラシーは、自由を志向する政治リベラリズムと平等を志向する社会リベラリズムとの均衡を意味していた。しかし、非リベラルな民主主義と権威主義の台頭は、経済リベラリズムが過度に強化されたことで生じ、これは社会リベラリズムが後景に退いたことに対する反動として、政治リベラリズムが攻撃されたことを意味している。

政治の対立軸変化についてはどうか。戦後の階級政治の基盤を提供していた社会リベラリズムが揺らいだために、政党の対立軸は個人主義リベラリズムと経済リベラリズムをベースとするかたちで展開していった。すなわち、それまで経済リベラリズムの統御と社会リベラリズムの防御を歴史的使命としていた社民政党は六〇〜七〇年代の社会変容と冷戦崩壊を経て経済リベラリズムの極に接近する一方、個人主義リベラリズムと寛容リベラリズムへと軸足を移したためこれに敵対的な、権威主義的な「ニューライト」が生まれることになった。

歴史認識問題は、寛容リベラリズムの失敗に起因する。寛容リベラリズムは、本来はその社会のマイノリティにマジョリティと同等の権利や、それを行使する自由の付与を目標にしていた。しかし、これが社会リベラリズムや政治リベラリズムと共闘せず、個人主義リベラリズムと結託して、特定の集団や民族の属性のみを寛容の基準としたため、マジョリティによる不寛容を生み、敵対性を強めていく。

この個人主義リベラリズムと寛容リベラリズムとの不整合は、ポスト世俗化とヘイトクライムへと帰結する。社会リベラリズムのように、個人を社会に包摂できる原理が貫徹されていれば、個人主義リベラリズムがもたらす文化的分断や孤立は回避されただろう。しかしその欠落は、個人による寛容リベラリズムへの敵対心を呼び起こす。個人の社会的な属性の空白を埋め合わせるためにラディカリズムが呼び寄せられるからだ。例えば、個人主義リベラリズムのもとに、宗教はいとも簡単に操作されてしまう。

一九六〇〜七〇年代の社会運動は、個人主義リベラリズムと経済リベラリズムが結びつくきっかけを作った。個人主義リベラリズムは、集団的な抑圧からの解放によって個人を基礎とした社会への再編成を志すものだったが、そのまま寛容リベラリズムへと転化することなく、代わりに同時並行して進んだ経済リベラリズムと癒着してしまったために、むしろ結社なき原子化社会を許してしまった。女性や民族的マイノリティの権利への関心、環境や生活スタイルの重視など、一九六八年の学生・労働運動が勝ち取ったものは多い。しかし当初の運動が意図しない結果を生んだのも事実なのだ。

フリーデンは、リベラリズムを「複数の大きな部屋を備えた家」に喩えている。しかし、その組み合わせによって副作用が生まれ、それぞれのリベラリズムがめざしていたところのものとむしろ正反対のものを招き寄せてしまった歴史的皮肉は、重く受け止めなければならない。

リベラリズムの「弁証法」

当初意図されたものとは真逆の結果が生まれることが嘆かれるのは、いつの時代も同じだ。戦中、ナチスに迫害され、亡命知識人となることを余儀なくされた哲学者ホルクハイマーとアドルノは、終戦直後に『啓蒙の弁証法』という難解な本を著し、啓蒙された近代がなぜ新たな野蛮に陥ったのか、という問いに挑んだ。ナチスはなぜ、本来ならば人間生活や精神を豊かにする近代科学技術を使って、人間の生命を奪い、特定集団を抹殺しようとしたのか。つまり、なぜ啓蒙は野蛮へとすり替わっていったのか――二人は野蛮が啓蒙からの逸脱ではなく、啓蒙というプロジェクトそのものに内在していたと理解した。

単純化の誹《そし》りを恐れずにいえば、ホルクハイマーとアドルノは、野蛮が生まれたのは啓蒙の弁証法によって目的と手段が入れ替わってしまったからだとする。例えば、人間は自己保存という欲求を持っているが、何のために、何を自己保存するのかという問いは、自己保存そのものが目的になった時点で、二義的なものになってしまう。彼らは自己保存という手段を「内的自然」、その目的を「外的自然」と形容するが、結局何のために自己があるのかという問いを忘れてしまえば、自己そのものは空虚なものになってしまう。それが、社会の過度の規律や機能だけに繋ぎ留められる人間存在、つまりファシズムという野蛮を生み出してしまったと指摘したのだった。

この解釈は、近代が始まってから、啓蒙と伴走してきたリベラリズムにも当てはめることができる。啓蒙主義と同じように、リベラリズムもまた、人間という個性、進歩という観念への信頼があってはじめて成り立つ考え方だ。

他方で、リベラリズムは、抵抗と闘争の思想を出自としてきた。先にみたリベラリズムの第一と第二のレイヤー（政治リベラリズムと経済リベラリズム）は、王権や教会という絶対的な権力に対する自由の主張であった。第三のレイヤーである個人主義リベラリズムは旧い慣習、さらに時間や空間といった人間活動を制約する要因を取り除こうとするものであったし、第四の社会リベラリズムと第五の寛容リベラリズムは、不平等や差別、貧困と戦うために存在してきた。

リベラル・デモクラシーも、マルクス主義や社会主義陣営と対峙するなかで、自己を鍛えてきた。しかし、一九八九年に冷戦が終わり、政治リベラリズムが支配的原理となって、それまで囲いこまれていた経済リベラリズムによって不平等が生み出されるようになると、リベラリズムは空転するようになる。さらにそれまで政治リベラリズムと協働するかたちで蓄積されてきた個人を核心に置く個人主義リベラリズムは、アイデンティティ政治やステイタスの政治を呼び込んだ。個人主義リベラリズムを抑制的なものにするはずの社会リベラリズムの不徹底は、テロを呼び込み、国家の次元に留まるものであったはずの寛容リベラリズムは、歴史認識問題を争点化することによって絶え間ない分断と対立を社会にもたらすようになった。こうした相互的な均衡関係にあった五つのリベラリズムの不整合が、共同体・権力・争点の三位一体を解体せしめたのだった。

アイデンティティ不安の時代に——リベラリズムの「請け戻し」

社会学者バーガーの言葉を借りれば、現代社会のアイデンティティとは万華鏡の真ん中の鏡のようなもの、つまりその時々の文脈や状況で役割や色合いも常に変わりつづけるものだ。環境の変化に応じて、個人という存在も大きく変わっていく。もしリベラリズム間の不整合が個人のアイデンティティの安定につながらないのであれば、これまでの存在様式が反省されなければならない。

ホルクハイマーとアドルノは啓蒙が弁証法的であることを認め、それを厳しく批判しながら、決してそれを手放すことはしなかった。手放すことはさらなる野蛮への退行を意味するからだ。

「過去の保存ではなく、過ぎ去った希望を請け戻すこと」——この印象的な言葉ではじまる『啓蒙の弁証法』での処方箋に従うならば、リベラリズムの不整合を乗り越えるヒントもまた、リベラリズムそのものに備わっている。

そのヒントは、リベラリズムとはそれ自体絶対的なものではなく、自己に対する反省性を備えていることにある。リベラリズムが歴史的には抵抗と闘争の手段だったということは、それは目的としての地位に安住するものではなく、常に手段として吟味されてきたことを意味する。人間の個性と進歩に資することがないのであれば、リベラリズムは非リベラルな政治に道を譲ることになる。だから、それとどう戦うのかの手段について、今一度再考されなければならない。

そのためのいくつかの手掛かりを記してみよう。

ひとつは、個人のアイデンティティそのものを絶対的なもの、所与のものとするのではなく、それ自体を政治的討議の検討の対象とすることである。自己のアイデンティティに対する反省性を確保することで、なぜそのアイデンティティが選び取られるのかについての応答と説明の公的な責任をリベラリズムが負うことで、そこに対話の余地が生まれることになるからだ。これは、個人主義リベラリズムに対して寛容リベラリズムを対置させることで均衡を取り戻すことを意味する。

もうひとつは、公的な政治が再分配や経済的平等性に敏感になるという、経済リベラリズムに対する社会リベラリズムの優位性の回復だ。再分配や矯正的な配分は、個人主義リベラリズムに対する介入であるといった批判を受けやすい。しかし、社会的平等（社会リベラリズム）をもたらす経済的平等のためには、個人の自由（個人主義リベラリズム）は制約され得るという合意を取り付けておく必要がある。平等、もっといって、機会の平等は、人間が自由でいるための基礎的な条件でもあるからだ。これは政治が「リベラル・コンセンサス」から距離をとり、アイデンティティ政治に依存し過ぎたためにステイタスの政治を招き寄せることを回避することになるだろう。

最後に、人びとの間の違いではなく、何を共通としているのかについての合意を得る努力を続けることだ。人びとの差異だけに目を向けていては、社会そのものは解体の憂き目にあう。アイデンティティではなく、教育や労働といった生活領域を基盤に、共通点を探り当てていくことが、民主的な社会を育むことにつながる。

個人が尊重されるということは、必然的に他人との差異が作り出され、結果として社会が対立と分断で覆われる可能性が出てくることと紙一重だ。社会学者ヴィヴィオルカは、人びとの差異を作り出すものとして、アイデンティティ、個人、主体という、それぞれが互いに影響を及ぼす三位一体があるという。アイデンティティは個人と主体に対し、どう考えるべきか、どうふるまうべきかを指し示す。個人は、帰属や集団の一員としてではなく、アイデンティティを操作し、主体として積極的に社会という外部環境への働きかけを可能にしようと試みる。そして主体は、能動的な存在としてアイデンティティを自らの手で選び取り、個人としての自律性を守ろうとする。

重要なのは、共同体・権力・争点とも対応する、このアイデンティティ・個人・主体という三角形の均衡と相互の緊張関係である。これまでみてきた事例でいえば、あまりにも強いアイデンティティは例えば宗教原理主義を、あまりにも強い個人の要請はナルシシズムを、あまりにも強い主体の要求は経済的不平等を、それぞれ招き寄せてしまう可能性がある。この三角形を個人と社会のレベルにおいて、意識的かつ反省的に発展、均衡させていくのが、これから「請け戻される」リベラリズムの姿となるだろう。

政治とは、異なる者との間の共存を可能にするための営みのことだ。そうであるならば、必然的に対話の契機が含まれていなければならない。文人カミュは、この闘争と平等のバランスは、自らの人間性を剥奪する相手に抵抗するとともに、自らによる相手の人間性を剥奪しようとする意思に抗することにある、と端的に指摘している。

不正義を人間世界に加えるのではなく、正義に尽くそうとすること、人間の痛みにではなくその幸せに賭け、世界の嘘を増やさぬよう明快な言葉で説明を尽くすこと。

（カミュ『反抗的人間』）

めざすべきは人間性の剥奪に抵抗するリベラリズムの構想だ。その担い手となる個人を社会リベラリズムによって育て、政治リベラリズムによる闘いへと誘い、開かれた個人主義リベラリズムを生むような整合的なリベラリズムも考え得る。

リベラリズムの最大の強みは、それ自体が多様な意味合いを持っていることにある。実際に、過去のリベラリズムは、歴史の大きな転換点（政治的原理や政治体制の転換、人間の活動範囲の拡大、不平等の進展）をみて、深い自己の刷新を遂げてきた。それが、いくつものレイヤーとなって積み重なり、その多様性を生んできたのだ。ヘイトが満ち満ちるなかで、その原因となるのではなく、これを治めるリベラリズムにどう進化できるのか——グローバルにリベラル・デモクラシーが動揺しているなかで、投げかけられている課題はかつてないほど大きい。

参考・引用文献

序章

アイザイア・バーリン「理想の追求」『バーリン選集』第四巻（松本礼二訳）岩波書店、一九九二年

アントニオ・グラムシ『グラムシ・セレクション』（片桐薫編訳）平凡社、二〇〇一年

ジグムント・バウマン『アイデンティティ』（伊藤茂訳）日本経済評論社、二〇〇七年

第一章

網谷龍介「戦後ヨーロッパにはリベラル・デモクラシーが成立し、発展したのか？」『国際関係学研究』第四四号、二〇一七年

アルジュン・アパドゥライ『グローバリゼーションと暴力』（藤倉達郎訳）世界思想社、二〇一〇年

アンソニー・アトキンソン『二一世紀の不平等』（山形浩生・森本正史訳）東洋経済新報社、二〇一五年

E・H・カー『新しい社会』（清水幾太郎訳）岩波新書、一九五三年

ヴォルフガング・シュトレーク『時間かせぎの資本主義』（鈴木直訳）みすず書房、二〇一六年

宇山智彦「権威主義の進化、民主主義の危機」村上勇介・帯谷知可編『秩序の砂塵化を超えて』京都大学学術出版会、二〇一七年

エリック・ホブズボーム『二〇世紀の歴史　両極端の時代（上下）』（大井由紀訳）ちくま学芸文庫、二〇一八年

エーリッヒ・フロム『自由からの逃走』（日高六郎訳）東京創元社、一九六六年
加藤典洋『戦後入門』ちくま新書、二〇一五年
サミュエル・P・ハンチントン『第三の波』（坪郷実ほか訳）三嶺書房、一九九五年
ジャグディッシュ・バグワティ『保護主義』（渡辺敏訳）サイマル出版会、一九八九年
ジャスティン・ゲスト『新たなマイノリティの誕生』（吉田徹ほか訳）弘文堂、二〇一九年
スティーブン・ルークス、ジョン・プラムナッツ『個人主義と自由主義』（田中治男訳）平凡社、一九八七年
太郎丸博編『後期近代と価値意識の変容』東京大学出版会、二〇一六年
トマ・ピケティ『二一世紀の資本』（山形浩生ほか訳）みすず書房、二〇一四年
西田亮介編『民主主義〈一九四八－五三〉中学・高校社会科教科書エッセンス復刻版』幻冬舎新書、二〇一六年
日比嘉高・津田大介『「ポスト真実」の時代』祥伝社、二〇一七年
ピーター・クラーク『イギリス現代史』（市橋秀夫ほか訳）名古屋大学出版会、二〇〇四年
ピーター・F・ドラッカー『「経済人」の終わり』（上田惇生訳）ダイヤモンド社、一九九七年
ビル・エモット『「西洋」の終わり』（伏見威蕃訳）日本経済新聞出版社、二〇一七年
ブランコ・ミラノヴィッチ『大不平等』（立木勝訳）みすず書房、二〇一七年
カン＝ヴェルナー・ミュラー『試される民主主義（上下）』（板橋拓己ほか訳）岩波書店、二〇一九年
ロベルト・S・フォア、ヤシャ・モンク「民主主義の脱定着へ向けた危険」（浜田江里子訳）『世界』二〇一七年二月号
Autor, David Dorn, and Gordon Hanson "When Work Disappears" *MIT Working Paper*, July 2017.
Bell, Duncan *Reordering the World: Essays on Liberalism and Empire*, Princeton University Press, 2016.

Dieckoff, Alain *La Nation dans tous ses États*, Flammarion, 2012.
Du Bois, W. E. B, *Black Reconstruction in America 1860–1880*, Free Press, 1995.
Cliffe, Jeremy "Britain's cosmopolitan future," *Policy Network Paper*, 2015.
Levitsky, Steven and Lucan. A. Way *Competitive Authoritarianism*, Cambridge University Press, 2001.
IMF Working Paper "Income Polarization in the United States," 2016.
Policy Network "How Social Democracy can Triumph in the 5-75-20 society," *Making Progressive Politics Work*, Policy Network, 2016.
Offe, Claus "Competitive Party Democracy and the Keynesian Welfare State," *Policy Sciences*, vol. 15, 1983.
Schmitter, Philippe C. "From Transitology to Consolidology," Mohammad-Mahmoud Ould Mohamedou, Timothy D. Sisk (ed.) *Democratisation in the 21st Century*, Routledge, 2017.
Plumer, Brad "Here's where middle-class jobs are vanishing the fastest" (https://www.washingtonpost.com/news/wonk/wp/2013/08/27/heres-where-middle-class-jobs-are-vanishing-the-fastest/?noredirect=on&utm_term=.30e50143b4cb) *The Washington Post*, 28 August 2013（二〇二〇年一月一八日アクセス）
Dobbs, Richard et al. *Poorer than their parents? A new perspective on income inequality*, McKinsey Global Institute, 2016.

第二章

アンソニー・セルドン編『ブレアのイギリス 1997-2007』（土倉莞爾・廣川嘉裕監訳）関西大学出版部、二〇一二年
今井貴子『政権交代の政治力学――イギリス労働党の軌跡 1994-2010』東京大学出版会、二〇一八年

イマニュエル・ウォーラーステイン『アフター・リベラリズム』（松岡利道訳）藤原書店、一九九七年
オーウェン・ジョーンズ『チャヴ――弱者を敵視する社会』（依田卓巳訳）海と月社、二〇一七年
キャス・サンスティーン、リード・ヘイスティ『賢い組織は「みんな」で決める』（田総恵子訳）NTT出版、二〇一六年
阪野智一「ブレア政権のメディア政治――メディア・キャンペーンと政党政治の変容」『国際文化学研究』第二四号、二〇〇五年
佐々木毅『アメリカの保守とリベラル』講談社学術文庫、一九九三年
トマス・B・エドソール、メアリー・D・エドソール『争うアメリカ』（飛田茂雄訳）みすず書房、一九九五年
中川慎二「研究ノート　ドイツの「反イスラム化愛国者運動」に参加する人たち」『Ex エクス』第九号、二〇一六年
中谷毅「反ユーロ政党『ドイツのための選択肢』――その誕生・選挙戦・今後の展開」『社会科学研究年報』第四四号、二〇一三年度
西川賢『ビル・クリントン』中公新書、二〇一六年
野田昌吾「誰が投票に行かないか――選挙から見た自由民主主義の現在」『政策科学』第二二巻第三号、二〇一五年
橋本健二『新・日本の階級社会』講談社現代新書、二〇一八年
福田有広・谷口将紀『デモクラシーの政治学』東京大学出版会、二〇〇二年
マイケル・ブローニング「ヨーロッパにおけるポピュリズムの台頭」『フォーリン・アフェアーズ』二〇一六年七月号
三好範英・板橋拓己「対話『もう一つの選択肢』で揺らぐドイツ」『公研』二〇一六年五月号

三宅一郎「東アジアにおける価値観の変容――イングルハート指標を手がかりに」『国際協力論集』第二巻第二号、一九九四年
リチャード・ローティ『アメリカ未完のプロジェクト』（小澤照彦訳）晃洋書房、二〇〇〇年
リチャード・ホフスタッター「えせ保守主義者の反抗」ダニエル・ベル編『保守と反動』（斎藤眞、泉昌一訳）みすず書房、一九五八年
ルイス・ハーツ『アメリカ自由主義の伝統』（有賀貞訳）講談社学術文庫、一九九四年
Bell, Daniel *The Winding Passage*, ABT Books, 1982
Clark, Terry Nichols and Seymour Martin Lipset *The Breakdown of Class Politics*, The Johns Hopkins University Press, 2001.
De Waele, Jean-Michel et al.（ed.）*Une Droitisation de la Classe Ouvrière en Europe?*, Economica, 2012.
Ford, Robert "In Britain, Polarization could be the solution," Daniel. J Hopkins & John Sides（eds.）, *Political Polarization in American Politics*, Bloomsbury, 2015.
Evans, Geoffrey and James Tilley *The New Politics of Class*, Oxford University Press, 2017.
Frazer, Nancy "From Redistribution to Recognition?," *New Left Review*, no.212, 1995.
Gingrich, Jane "A New Progressive Coalition? The European Left in a Time of Change," *Political Quarterly*, vol.88, no.1., 2017.
Houtman, Dick et al.（ed.）*Farewell to the Leftist Working Class*, Transaction Publishers, 2012.
Ignazi, Piero "The Silent Counter-Revolution" *European Journal of Political Research*, vol.22, no.2, 1992.
Inglehart, Ronald "Inequality and Modernization," *Foreign Affairs*, December 2015.

第三章

飯田芳弘『忘却する戦後ヨーロッパ』東京大学出版会、二〇一八年
E・H・カー『歴史とは何か』（清水幾太郎訳）岩波新書、一九六二年
石田雄『記憶と忘却の政治学』明石書店、二〇〇〇年
キャロル・グラック『歴史で考える』（梅崎透訳）岩波書店、二〇〇七年
佐藤卓己『八月十五日の神話』ちくま新書、二〇〇五年
田中ゆかり『「方言コスプレ」の時代』岩波書店、二〇一一年
エリック・ホブズボーム『破断の時代』（木畑洋一ほか訳）慶應義塾大学出版会、二〇一五年
橋本伸也『記憶の政治』岩波書店、二〇一六年
服部龍二『外交ドキュメント歴史認識』岩波新書、二〇一五年
ベネディクト・アンダーソン『増補想像の共同体』（白石さや・白石隆訳）ＮＴＴ出版、一九九七年
ポール・リクール『記憶・歴史・忘却（上下）』（久米博訳）新曜社、二〇〇四、二〇〇五年
丸岡高弘「戦争の記憶と記憶の戦争」『南山大学ヨーロッパ研究センター報』第一二号、二〇〇六年
Avineri, Shlomo, "Poland's Crime Against History," Project Syndicate, September 7, 2016.（二〇一八年八月一五日アクセス）
Blanchard, Pascal et Isabelle Veyrat-Masson "Les Guèrres de Mémoire : Un Objet d' Étude, au Carrefour de l'Histoire et des Processus de Médiatisation," *Les Guerres de Mémoires, La Découverte*, 2008
—— "Les Guerres de Mémoire dans le Monde: Introduction" *Hèrmés*, no. 52, 2008.
Connerton, Paul *How Societies Remember*, Cambridge University Press, 1989.
Grandjean, Geoffrey et Jérôme Jamin *La Concurrence Mémorielle*, Armand Colin, 2011.
Halbwachs, Maurice *On Collective Memory* (trans. Lewis A.Coser), The University of Chicago Press. 1992.
Judt, Tony "The 'Problem of Evil' in Postwar Europe," *The New York Review of Books*, February 14, 2008.

Le Monde (hors-série), *Les Querelles de l'Histoire*, octobre-décembre, 2017.
Marès, Antoine & Marie-Pierre Rey *Mémoires et Émotions*, Publications de la Sorbonne, 2014.
Michel, Johann *Gouverner les Mémoires*, Presses Universitaires de France, 2010.
Noiriel, Gérard "Histoire, Mémoire, Engagement Civique," *Revue Hommes et Migrations*, N° 1247, 2004.
Nora, Pierre (dir.) *Les Lieux de Mémoire*, t. 1-t. 7, Gallimard, 1987-1992
——*Présent, Nation, Mémoire*, Paris: Gallimard, 2011.
Singaravélou, Pierre, "*Le Roman National et l'Histoire Globale s'avèrent souvent interdépendant*" *Le Monde*, 2017.
Traverso, Enzo *L'Histoire comme Champ de Bataille*, La Découverte, 2012.
Yates, Frances *The Art of Memory*, The University of Chicago Press, 1966.

第四章

安達智史『リベラル・ナショナリズムと多文化主義』勁草書房、二〇一三年
アンソニー・ギデンズ『揺れる大欧州』（脇阪紀行訳）岩波書店、二〇一五年
アンナ・エレル『ジハーディストのベールをかぶった私』（本田沙世訳）日経ＢＰ社、二〇一五年
クリスチャン・ヨプケ『ヴェール論争』（伊藤豊ほか訳）法政大学出版局、二〇一五年
ジェラール・ノワリエル『フランスという坩堝』（大中一彌ほか訳）法政大学出版局、二〇一五年
ジル・ケペル『宗教の復讐』（中島ひかる訳）晶文社、一九九二年
ジル・ケペル、アントワーヌ・ジャルダン『グローバル・ジハードのパラダイム』（義江真木子訳）新評論、二〇一七年
チャールズ・テイラー『今日の宗教の諸相』（伊藤邦武ほか訳）岩波書店、二〇〇九年

ツヴェタン・トドロフ『民主主義の内なる敵』（大谷尚文訳）みすず書房、二〇一六年
フランコ・ベラルディ『大量殺人の〝ダークヒーロー〟』（杉村昌昭訳）作品社、二〇一七年
マイケル・ウォルツァー『解放のパラドックス』（萩原能久監訳）風行社、二〇一六年
宮島喬「『移民問題』と『イスラーム問題』の構築とポピュリズム政治」『日仏政治研究』第一一号、二〇一七年
マーク・リラ『難破する精神』（会田弘継監訳・山本久美子訳）NTT出版、二〇一七年
マリー＝フランス・イリゴエン『フランス人の新しい孤独』（小沢君江訳）緑風出版、二〇一五年
ミシェル・ウエルベック『服従』（大塚桃訳）河出書房新社、二〇一五年
ユルゲン・ハーバーマス、ヨーゼフ・ラッツィンガー『ポスト世俗化時代の哲学と宗教』（三島憲一訳）岩波書店、二〇〇七年
Bertrand, Badie&Michel Foucher *Vers un Monde Néo-National?* CNRS Edition, 2017.
Deltombe, Thomas *L'Islam Imaginaire*, La Découverte, 2017.
Malik, Kenan "Europe's Dangerous Multiculturalism," *Foreign Affairs*, December 2016.
Monod, Guillaume Pourquoi j'ai cessé d'être Islamiste, Ed, Les Point sur les i, 2015.
Norris, Pippa and Ronald Inglehart *Sacred and Secular: Religion and Politics Woldwide*. Cambridge University Press, 2012.
Tribalat, Michèle *Assimilation : La Fin du Modèle Français* Editions du Toucan 2013.
United Nation Development Program *Journey to Extremism in Africa: Drivers, Incentives and the Tipping Point for Recruitment*, 2017.

第五章
アルベルト・メルッチ『現在に生きる遊牧民』（山之内靖ほか訳）岩波書店、一九九七年
伊藤昌亮『デモのメディア論』筑摩書房、二〇一二年
池田謙一編著『日本人の考え方、世界の人の考え方』勁草書房、二〇一六年
エミール・デュルケーム『社会分業論 復刻版』（田原音和訳）青木書店、二〇〇五年
大嶽秀夫『新左翼の遺産』東京大学出版会、二〇〇七年
賀来健輔・丸山仁編著『政治変容のパースペクティブ〔第2版〕』ミネルヴァ書房、二〇一〇年
笠井潔「『空虚な個人』、ポピュリズムへ」『毎日新聞』二〇一八年一一月三〇日朝刊
キャス・サンスティーン『インターネットは民主主義の敵か』（石川幸憲訳）毎日新聞社、二〇〇三年
コリン・ヘイ『政治はなぜ嫌われるのか』（吉田徹訳）岩波書店、二〇一二年
坂本治也編『市民社会論』法律文化社、二〇一七年
ジャン＝ピエール・ルゴフ『ポスト全体主義時代の民主主義』（中村督・渡名喜庸哲訳）青灯社、二〇一一年
ジョヴァンニ・アリギ、テレンス・ホプキンズ、イマニュエル・ウォーラースティン『反システム運動』（太田仁樹訳）大村書店、一九九八年
ジョセフ・ヒース、アンドルー・ポター『反逆の神話』（栗原百代訳）NTT出版、二〇一四年
ジル・リポヴェツキー『空虚の時代』（大谷尚文・佐藤龍二訳）法政大学出版局、二〇〇三年
絓秀実『一九六八年』ちくま新書、二〇〇六年
デイヴィッド・ミラー「歪んだ材木か、曲げられた小枝か――バーリンのナショナリズム」（長谷川一年訳）『思想』二〇一四年一一月号

徳久恭子『日本型教育システムの誕生』木鐸社、二〇〇八年
西川長夫『パリ五月革命私論』平凡社新書、二〇一一年
フランシス・フクヤマ『アイデンティティ』（山田文訳）朝日新聞出版、二〇一九年
マイケル・オークショット『リベラルな学びの声』（ティモシー・フラー編／野田裕久・中金聡訳）法政大学出版局、二〇一八年
丸山眞男「個人析出のさまざまなパターン」『丸山眞男集（第九巻）』岩波書店、二〇〇三年
三島憲一『戦後ドイツ』岩波新書、一九九一年
リチャード・セネット『不安な経済／漂流する個人』（森田典正訳）大月書店、二〇〇八年
リュック・フェリー、アラン・ルノー『68年の思想』（小野潮訳）法政大学出版局、一九九八年
ロベール・カステル『社会喪失の時代』（北垣徹訳）明石書店、二〇一五年
ローラン・ジョフラン『68年5月』（コリン・コバヤシ訳）インスクリプト出版、二〇一五年
Aron, Raymond *La Révolution Introuvable*, Fayard, 1968.
Bénéton, Philippe et Jean Touchard "Les interprètations de la crise de mai-juin 1968", *Revue Française de Science Politique*, vol.20, n°3, 1970.
Huntington, Samuel P. Political Development and Political Decay," *World Politics*, vol.17, no.3, 1965.
Touraine, Alain *La Fin des Sociétés*, Seuil, 2015.
Krastec, Ivan "Will 2018 Be as Revolutionary as 1968?," *The New York Times*, 21 February 2018.
Lilla, Mark "The End of Identity Liberalism" *The New York Times*, 18 November 2016.
Harvey, David *Brief History of Neoliberalism*, Oxford University Press, 2007.

終章

有賀誠『臨界点の政治学』晃洋書房、二〇一八年
クリストファー・ウルフ、ジョン・ヒッティンガー編『岐路に立つ自由主義』(菊池理夫ほか訳)ナカニシヤ出版、一九九九年
ピーター・L・バーガー『社会学への招待』(水野節夫・村山研一訳)新思索社、二〇〇七年
マックス・ホルクハイマー、テオドール・アドルノ『啓蒙の弁証法』(徳永恂訳)岩波文庫、二〇〇七年
ミシェル・ヴィヴィルオカ『差異』(宮島喬・森千賀子訳)法政大学出版局、二〇〇九年
Freeden, Michael, *Liberalism*, Oxford University Press, 2015.

あとがき

二〇一〇年代も半ばが過ぎてから、世界を揺るがす事件やニュースがたてつづけに起きている。ポピュリズム、テロ、ヘイトクライム、移民・難民排斥、フェイクニュース、ポスト真実、国際秩序の解体等々、どれも人の不安を駆り立てるものばかりだ。時代とはいつも揺れ動くものだろうが、今回はその揺れ方が違っているように感じる。職業柄、グローバル・メディアで情報や知識を仕入れることを長年続けているが、ここ数年、論調のみならず、その雰囲気が大きく変わってきたことを痛感する。

ひとつひとつの現象は、専門家やジャーナリストによってその都度詳細な解説がなされるが、しかし、これらは総体としてどのようにつながっているのか。例えば二〇一六年のイギリスのEU離脱の国民投票結果と、これ以降増大している同国でのヘイトクライムはどのように関係しているのか。あるいは、トランプ大統領のようなポピュリズムと一九七〇年代以降広がってきた先進国の経済的不平等はどのような関係にあるのか——実際に生じた個別の事件や現象をメディアから拾いつつ、これらを結びつけているものは何であるのかを政治学や社会学の議論を借りて、歴史的な起源を求めながら、総合的な解釈を施してみようというのが本書の目論見である。新書という性格上、さまざまな学術的な知見を踏まえながら、浅学菲才を顧みずに大胆な仮説を交えて議論した部分もある。この試みが成功したかどうかは、読者諸氏の判断を待つしかない。

当然ながら、この本で扱ったテーマ以外にも、深刻な問題は山のようにある。インターネット情報社会、ＡＩの進化、人口問題、地球環境問題、先進国と発展途上国との格差、途上国内での格差等々。ただ、これらの問題群を生み出している歴史の原動力のようなものは同じはずだ。世の不条理や不公正は一人の政治家のせいでも、ひとつの党のせいでも、あるいは一国だけのせいでもない。それはどうしようもなくつながっているが、壊れてしまっている世界のせいなのだ。誰かのせいにするのではなく、その事実を引き受けることが、問題解決のための営みたる政治を取り戻すための第一歩となるのだろう。

だからこそ、不安から脱するには、まずは目の前で起きていることを理解することが必要になる。言い換えれば、理解できれば、次にそれに対する手立てを考えることができる。そのための手掛かりが多少なりとも含まれていれば、本書の目的は達せられたことになる。

つぎつぎと起こるショッキングな事件や出来事を前に、さまざまなかたちでパブリック・コメントを求められる機会も増えた。そうした意味で、この本は二〇一五年ごろから考え、発信してきたことの断片を整理し、つなぎあわせ、統合したものでもある。本書の第一章は「「リベラル・デモクラシー」はなぜ動揺しているのか」(『Research Bureau 論究』第一四号、二〇一七年)、第二章は「社民政治の衰退?――戦略、組織、環境」(『生活経済政策』二〇一八年七月号) 第三章は「「記憶」と「歴史」――「歴史の民主化」の先にあるもの」(松尾秀哉・臼井陽一郎編『紛争と和解の政治学』ナカニシヤ出版、二〇一三年)、第四章は「宗教への深い理解が唯一の道――宗教原理主義はなぜはびこっているのか?」(時事通信社『e-World Premium』vol.14、二〇一五年三月号) で展開した論旨を大幅に発展させたものである。

このようなかたちで論説やインタビュー、コメントの場を豊富に与えてくれたマスコミの記者や編集者、また講演や報告の場を設けてくれた一般市民や役所、政党、労働組合、大学、シンクタンク、NPOの皆さんにも感謝したい。こうした場は、自分の考えを整理し、精査し、対話可能な言葉や文脈に置き換えるための鍛錬の場となっている。

その源泉には、同僚や同業者、あるいは専門は異なっていても率直な意見交換のできる先輩・後輩、同輩たちとの実りの多い議論がある。一人一人の名前を挙げるのは控えるが、そのような知的環境にいられることにこのうえなく感謝している。本書の一部には、二〇一六年春期の北海道大学公共政策大学院科目「ヨーロッパ政治外交論」で展開した

「ヨーロッパの政治的急進主義の研究」について、ゼミ履修者の皆さんと議論したことが活かされている。ああでもない、こうでもないと、ともに頭を悩ました楼溪月、新木隆太、宮木友美子、許多、張穎珍、田中勲の各氏に御礼申し上げる。

本書は、日本が集団的自衛権（『平和安全法制』）関連法案への反対が世論で盛り上がった二〇一五年秋に、嚙み合わない国内の議論にやや腹立たしい思いを抱えながら、機上から講談社編集部の所澤淳氏に一通のメイルを送ったことに端を発している。その後、構成・執筆と何回かのスクリーニングを経て二〇二〇年春に脱稿することができた。その草稿はその後、中谷巖氏が塾長を務める「不識塾」の塾生の皆さんに精読いただき、多くの有益なコメントをいただいた。記して感謝したい。また、この間、丁寧なフォローと編集作業を進めていただいた所澤氏、相談に乗っていただいた青山遊氏には感謝の言葉もない。

私事になるが、その間の二〇一八年五月一四日に祖母・長谷川敏子が一〇二歳で永眠した。思えば、私の最初の本のあとがきは「常に味方でい続けてくれている」祖母に捧げられていた。「常に味方でい続けてくれた」と過去形に直さなければならないが、本書もまた彼女に捧げられる。「もしも恐怖と破壊がファシズムの主要な情緒的源泉だとするならば、愛情こそが基本的に民主主義の側に立つもの」とはアドルノ『権威主義的パーソナリティ』の叙述だ。味方でい続けてくれた祖母のお陰で、私もまた恐怖や破壊とは無縁の世界で、誰かの味方でい続けることができているのだから。

二〇二〇年八月　盛夏の東京にて

講談社現代新書　2588

アフター・リベラル　怒《いか》りと憎《ぞう》悪《お》の政治《せいじ》

二〇二〇年九月二〇日第一刷発行　二〇二一年六月二四日第三刷発行

著　者　吉田《よしだ》 徹《とおる》

発行者　鈴木章一
発行所　株式会社講談社
東京都文京区音羽二丁目一二―二一　郵便番号一一二―八〇〇一
電　話　〇三―五三九五―三五二一　編集（現代新書）
〇三―五三九五―四四一五　販売
〇三―五三九五―三六一五　業務
装幀者　中島英樹
印刷所　株式会社ＫＰＳプロダクツ
製本所　株式会社国宝社
本文データ制作　講談社デジタル製作
定価はカバーに表示してあります　Printed in Japan

N.D.C.310　317p　18cm
ISBN978-4-06-520924-0

「講談社現代新書」の刊行にあたって

教養は万人が身をもって養い創造すべきものであって、一部の専門家の占有物として、ただ一方的に人々の手もとに配布され伝達されうるものではありません。

しかし、不幸にしてわが国の現状では、教養の重要な養いとなるべき書物は、ほとんど講壇からの天下りや単なる解説に終始し、知識技術を真剣に希求する青少年・学生・一般民衆の根本的な疑問や興味は、けっして十分に答えられ、解きほぐされ、手引きされることがありません。万人の内奥から発した真正の教養への芽ばえが、こうして放置され、むなしく滅びさる運命にゆだねられているのです。

このことは、中・高校だけで教育をおわる人々の成長をはばんでいるだけでなく、大学に進んだり、インテリと目されたりする人々の精神力の健康さえもむしばみ、わが国の文化の実質をまことに脆弱なものにしています。単なる博識以上の根強い思索力・判断力、および確かな技術にささえられた教養を必要とする日本の将来にとって、これは真剣に憂慮されなければならない事態であるといわなければなりません。

わたしたちの「講談社現代新書」は、この事態の克服を意図して計画されたものです。これによってわたしたちは、講壇からの天下りでもなく、単なる解説書でもない、もっぱら万人の魂に生ずる初発的かつ根本的な問題をとらえ、掘り起こし、手引きし、しかも最新の知識への展望を万人に確立させる書物を、新しく世の中に送り出したいと念願しています。

わたしたちは、創業以来民衆を対象とする啓蒙の仕事に専心してきた講談社にとって、これこそもっともふさわしい課題であり、伝統ある出版社としての義務でもあると考えているのです。

一九六四年四月　野間省一